W0186555

Burkhard Riering

Schwäbische Pioniere

Von der Werkstatt zum Weltunternehmen

www.bvd.de

Dank

Dass wir die Gründerpersönlichkeiten mit diesem Buch in den Mittelpunkt rücken dürfen, dafür sei deren Familien gedankt, die das möglich gemacht haben. Sie waren es, die ihre Archive und Familienalben geöffnet und die Porträts mit vielen Informationen bereichert haben. Die Gespräche mit Dr. Sybill Storz, Dr. Willi Liebherr und Siegfried Weishaupt müssen hier herausgehoben werden, sie waren überaus spannend und fruchtbar. Dank gilt auch jenen, die immer wieder nachbohrende Fragen des Autors beantworten oder nachrecherchieren mussten und dabei nicht die Geduld verloren haben: Peter Bolkart, Dr. Gerold Dobler, Dieter Döllken, Frank Engelhardt, Patrizia Hepp, Philipp Hirth, Anja Kaufer, Nina Keller, Kristian Koch, Kristian Küppers, Anne Pfennig, Frank Schad, Sylvia Schurr, Thomas Seeger, Regina Stern, Axel Witt und Markus Woehl. Fürs Korrekturlesen Daniela Transiskus, Henning Kruse und Tobias Schorr.

Bibliografische Information der Deutschen Bibliothek
Die Deutsche Bibliothek verzeichnet diese Publikation in der Deutschen Nationalbibliografie; detaillierte bibliografische Daten sind im Internet über http://dnb.ddb.de abrufbar.

© 2013 by Biberacher Verlagsdruckerei GmbH & Co. KG
2. Auflage

Gesamtherstellung:
Biberacher Verlagsdruckerei GmbH & Co. KG,
88400 Biberach, Leipzigstraße 26

ISBN: 978-3-943391-16-9

Alle Rechte einschließlich der Vervielfältigung, Verbreitung in Film, Funk und Fernsehen, Speicherung in elektronischen Medien sowie Nachdruck, auch auszugsweise, vorbehalten.
Printed in Germany

Inhalt

Einleitung

Das kleine Holzhaus steht noch heute in einer Werkshalle in Kirchdorf an der Iller. Hans Liebherr hat es kurz nach dem Zweiten Weltkrieg mit den eigenen Händen gebaut. Die knapp einhundert Quadratmeter waren Büro, Firma und Familienheim in einem. Dort hat der Baumaschinen-Pionier seine ersten Ideen aufs Papier gebracht. Es war der Start einer jahrzehntelangen Wachstumsstory – vom Ein-Mann-Betrieb zum Weltunternehmen.

So beginnen oft große Firmengeschichten aus dem Schwäbischen. Die heimischen Wirtschaftspioniere haben alle einmal klein angefangen und aus eigener Kraft Unternehmen aufgebaut, die heute weltweit tätig sind. Diese Firmen, teils mehr als 150 Jahre alt, sind noch immer unter dem Namen des Gründers in der schwäbischen Region zu finden und weiter im Besitz der Familie. Sie werden neudeutsch „Hidden Champions" genannt – verborgene Gewinner.

Bodenständig waren sie, die schwäbischen Gründer, sagt man, fleißig, äußerst sparsam und verschwiegen. Und vor allem zäh. Selbstdisziplin besaßen sie, Talent, Erfindergeist und einen guten Schuss Bauernschläue. Viele steckten erst eine ganze Reihe an Niederlagen ein, um am Ende triumphieren zu können. Sie sind gescheitert und immer wieder aufgestanden. Es sind die ganz persönlichen Geschichten ergriffener Chancen und verpasster Gelegenheiten.

Und natürlich waren diese Unternehmer auch Patriarchen im wahren Wortsinn: fürsorglich und gerecht auf der einen Seite, streng und fordernd auf der anderen Seite. Zweifel an der Autorität waren weder in der Familie noch in der Belegschaft zugelassen.

Viele von ihnen begannen als Handwerker, entwickelten ihre Betriebe weiter zu mechanischen Werkstätten, stellten Maschinen, Anlagen, Produkte her, die es bis dato nicht gab. Als Pioniere brauchten sie einen zähen Willen, um in harten Zeiten nicht zu verzagen, einen Willen, der sie immer weitertrieb.

Der Blick zurück auf die Pioniere lohnt sich nicht nur aus historischem Interesse. In der heutigen Zeit stehen die freie Wirtschaftsordnung und ihre Akteure unter einem Generalverdacht. Gierige Banker, überbezahlte Manager, blutleeres Wachstum – die Bürger in den Industrieländern sind in den vergangenen Jahren immer öfter auf die Straße gegangen, um gegen die allzu freie Marktwirtschaft zu demonstrieren. Die Wirtschafts- und Finanzkrise sowie die folgende Euro-Schuldenkrise haben das Vertrauen tief erschüttert.

Es muss aber nicht gleich der Systemwechsel her. Hoffnungsträger in dieser Zeit sind die gestandenen, mittelständischen Unternehmer, die soziale Verantwortung tragen können und Arbeitsplätze schaffen. Darin sehen sie ihre Aufgabe.

Die alten Entrepreneure und ihre Nachfahren sind klassische Beispiele dafür, wozu Gewinne gut sind, wenn sie in der Firma belassen werden. Sie sind Garanten für Innovation, Fortschritt, Jobs. Man hört selten Schlechtes aus dem Mittelstand. Der erste Bundeskanzler der Bundesrepublik, Konrad Adenauer, sagte einmal: „Der Mittelstand ist das Gesündeste, was Deutschland zu bieten hat.“ Sein Wort gilt bis heute.

Dieses Buch würdigt schwäbische Unternehmer, deren Lebensgeschichten sonst nicht in der Öffentlichkeit erzählt werden. Es geht nicht um die Daimlers, Boschs und Maybachs, ihre Biografien sind geschrieben. Es geht auch nicht um Unternehmen, deren Aktien sich heute im Streubesitz befinden und tagtäglich an der Börse gehandelt werden. Die schwäbischen Firmen der Gründer, die hier vorgestellt werden, sind noch heute im Familienbesitz und weiter unter dem Gründernamen auf dem Markt. Eine Gruppe, die zugegeben immer kleiner wird.

Es geht also um Menschen, deren Namen zwar auf den Produkten und Maschinen in aller Welt stehen, die aber dennoch einer größeren Öffentlichkeit als Persönlichkeiten unbekannt geblieben sind. Es geht um diese leisen Pioniere und ihre ganz persönliche Geschichte.

So bilden ihre erzählten Biografien auch ein Fresko zweier Jahrhunderte, angefangen von der Geburtsstunde der Industrialisierung in kargen Zeiten bis hinein in die High-Tech-Moderne am Anfang des 21. Jahrhunderts.

Hans Liebherr

geboren am 1. April 1915 in Kaufbeuren
gestorben am 7. Oktober 1993 in La Tour de Peilz / Schweiz

Ein großer, bodenständiger Mann

Mann mit Zigarre: Die Gemeinde Kirchdorf an der Iller hat ihrem Ehrenbürger Hans Liebherr ein Denkmal gesetzt.

Es ist kaum auszudenken: Hans Liebherr, der Müllerssohn, wollte in ganz jungen Jahren Konditor werden. Nichts gegen diesen ehrenwerten Berufsstand, aber man darf von Glück sprechen, dass Hans Liebherr doch noch seine technische Veranlagung entdeckte. Denn so wurde er einer der wichtigsten Baumaschinenpioniere und der größte Arbeitgeber in der oberschwäbischen Region.

Hans Liebherr war Pionier durch und durch. Er besaß dafür die nötige energische schöpferische Kraft. Er war einer, der anpackte und umsetzte. Er baute in seinem Leben Kräne und Bagger, Flugzeugfahrwerke und Kühlschränke, Hochhäuser und Hafenkräne, Hallen und Hotels. Und schließlich ein Weltunternehmen. Doch nie hat er darum viel Aufhebens gemacht. Die Firmengruppe kommt heute auf über 35000 Mitarbeiter und macht mehr als acht Milliarden Euro Umsatz. Und doch ist Liebherr im Grunde ein Familienunternehmen geblieben, dessen Charakter mittelständisch geprägt ist. Es sei ein „Familienkonzernle“, wie es der ehemalige Ministerpräsident Baden-Württembergs, Lothar Späth, einmal auf den Punkt gebracht hat.

Die Last der Kriege

Hans Liebherr wird zur Zeit des Ersten Weltkriegs im Jahr 1915 in Kaufbeuren im Allgäu geboren. Der Vater Wilhelm muss gleich an die Front und stirbt nur ein Jahr nach Hans' Geburt. Die Mutter bringt den Sohn durch die schweren Zeiten. Hans geht zur Volksschule. Das Leben ist bescheiden.

1922 ändert sich die Lage. Die Mutter heiratet den Baumeister Johann Sailer aus Kirchdorf an der Iller im Kreis Biberach. Hans zieht mit seiner Mutter in den beschaulichen Ort. Dass der Stiefvater ein kleines Baugeschäft hat, erweist sich als glückliche Fügung – so kommt Liebherr überhaupt erst zum Bau. Hans Liebherr beginnt nach sieben Jahren Schule in dessen Betrieb. In dieser Zeit wird auf dem Bau noch mit einfachsten Mitteln gearbeitet; Schaufel und Schubkarre sind dem späteren Baumaschinenpionier noch näher als Kräne und Bagger. Stundenlohn gibt es für den jungen Mann vorerst keinen, sondern nur ein kleines Taschengeld am Sonntag. Hans ist erst Lehrling, dann Geselle. Er zeigt gleich sein ganzes Talent – und ist bereit für größere Taten.

Nach bestandener Baumeisterprüfung in Ulm übernimmt Liebherr 1938 – wie von der Familie geplant – die Leitung der Firma. Doch bald schon ist wieder Krieg. Das nationalsozialistische Deutschland greift im September 1939 Polen an. Die Wehrmacht zieht Hans Liebherr ein und er wird lange nicht nach Hause zurückkommen. Er ist beim Ulmer Pionier-Batallion 101 stationiert, das der 101. Infanterie-Division unterstellt ist. Geschlagene sechs Jahre seines Lebens muss Liebherr

Im Biberacher Liebherr-Werk werden Großwälzlager mit bis zu sechs Metern Durchmesser entwickelt und gefertigt, die beispielsweise in Baggern, Kränen oder auch in Windkraftanlagen zum Einsatz kommen.

Die Bilderfolge zeigt den Transport und das Aufrichten eines Turmdrehkranes im Jahr 1950.

In diesem Holzhaus in Kirchdorf waren Familie und Firma buchstäblich unter einem Dach zu Hause.

als Soldat verbringen. Eingesetzt wird er an der Südfront in Russland und dabei zweimal verwundet. Der sinnlose Krieg neigt sich im Frühjahr 1945 dem Ende zu. Als die russischen Panzer immer näher rücken, liegt Hans Liebherr in einem Lazarett in Pirna bei Dresden. Er will jetzt nur noch nach Hause, zurück in seine Heimat.

Liebherr schlägt sich nach Oberschwaben durch. Er ist mit dem Leben davongekommen, und dafür ist er dankbar. Er ist niedergeschlagen, aber nicht gebrochen. „Er hatte diesen unbeugsamen Willen“, beschreibt Sohn Willi Liebherr den Charakter des Vaters. Hans Liebherr ist bereits 30 Jahre alt, als er ganz von vorn anfängt. Jetzt will er etwas schaffen, etwas aufbauen. Er nimmt den Betrieb des kleinen Baugeschäfts in Kirchdorf an der Iller neu auf und lässt das Vergangene hinter sich.

Der erste Kran

Eine ganz bestimmte Idee treibt ihn in dieser Zeit um. Hans Liebherr will einen mobilen, leicht montierbaren Turmdrehkran für kleinere Baustellen bauen. Denn da klafft eine große Marktlücke: Geeignete Kräne gibt es im Nachkriegsdeutschland schlichtweg nicht. Die Industrie hat jahrelang nur Bomben und Panzer hergestellt. Jetzt aber geht es um den Wiederaufbau. All die zerbombten Wohngebiete, die Ruinen, die zerstörten Fabriken – jetzt muss das Land wieder aufgebaut werden, und dazu bedarf es guter und bezahlbarer Kräne.

Gemeinsam mit einigen Bauleuten und Mechanikern macht sich Hans Liebherr ans Werk. Es wird konstruiert und gebaut. Und 1949 meldet Liebherr dann das Patent für seinen ersten Kran an. Er nennt ihn „TK 10“, mit 16 Metern Ausladung und einer Tragkraft von 650 Kilogramm. Hans Liebherr setzt große Hoffnungen in sein Produkt. Der mittlerweile fast 40-Jährige fährt zuversichtlich auf die Frankfurter Messe. Doch dort bestellt keiner seinen Kran. „Nach der Messe hätte ich eigentlich meine Fertigung im Kranbau wieder einstellen können“, erinnert er sich später.

Doch der Pionier gibt nicht auf. Und einige Wochen nach der Messe kann er dann doch die ersten Abschlüsse vermelden. Der Prototyp wird etwa beim Wiederaufbau des Wiesbadener Rathauses eingesetzt. Das „Wirtschaftswunder“ kommt zur rechten Zeit, und so wird Hans Liebherr zum Baumaschinenhersteller. „Seine großen wirtschaftlichen Erfolge verdankt er der Fähigkeit, aus der Schar der vorbeihuschenden Ideen im entscheidenden Augenblick die richtigen herauszugreifen und sie mit großem Geschick und großer Zähigkeit zu entwickeln“, sagt Jahre später der Dekan der Fakultät für Bauwesen der Technischen Hochschule Aachen in seiner Laudatio zur Verleihung der Ehrendoktorwürde an Hans Liebherr.

Geschäftlich geht es nun steil und schnell bergauf. Der geniale Turmdrehkran ist nur der Startschuss. Ehe sich Liebherr versieht, produziert er schon Kräne in Serie. Sie werden größer, flexibler, besser. 1950 bauen 110 Mitarbeiter insgesamt 160 Kräne.

Die Sehnsucht, nach dem langen Krieg etwas Sinnvolles im Leben zu tun, gilt für Hans Liebherr auch im Privaten. Er heiratet, er gründet eine Familie. Fünf Kinder – vier Söhne und eine Tochter – kommen zur Welt. Hans junior wird noch 1945 geboren, Willi 1947, Markus 1948, Isolde 1949, Hubert 1950. Die Familie lebt anfangs in einem Holzhaus, das gerade einmal 100 Quadratmeter misst und zugleich Sitz der Firma ist. Auch die beiden ältesten Kinder werden dort geboren. „In unserem bescheidenen Haus in Kirchdorf waren Familie und Firma eins“, werden sich die Kinder später erinnern. Doch ein bisschen Wohlstand darf in Wirtschaftswunderzeiten schon sein: Hans Liebherr bringt seinen Kindern nach den ersten geschäftlichen Erfolgen ein Pony mit, kurz darauf haben sie drei. Sie sind die Attraktion des Dorfs. Jeden Tag kommen die anderen Kinder vorbei. Zwei Kutschen kauft der Vater auch noch. In der Liebherr-Familie hat sich bis heute die Liebe zu Pferden erhalten. Enkelin Christina Liebherr ist erfolgreiche Springreiterin.

Der TK 8 aus dem Jahr 1951: Aus der Baufirma wird jetzt ein Baumaschinenhersteller.

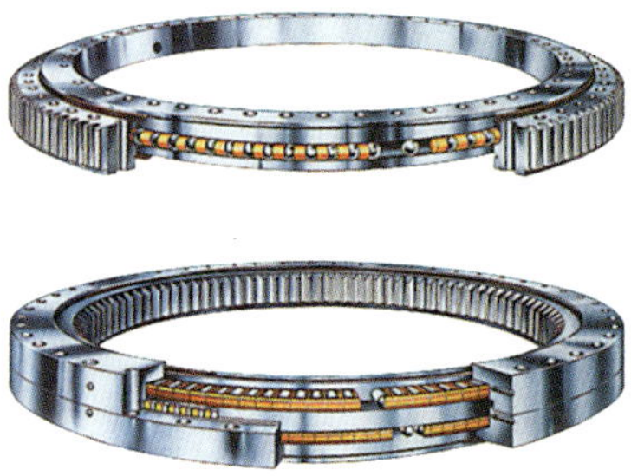

Liebherr-Kugeldrehkranz aus den 1950er-Jahren.

Der erste Hydraulikbagger auf dem Kontinent: der L 300 aus Kirchdorf, gebaut 1954.

Hoch hinaus: Liebherr auf der Hannover-Messe 1954.

Bauen ist seine Welt

Deutschland wird von einem Bauboom erfasst, der Nachholbedarf in der Nachkriegszeit ist riesig. Umso erstaunlicher ist, dass die Konkurrenz das Potenzial für einfach transportierbare und leicht zu montierende Baukräne nicht wahrnimmt. Diese Nische erkennt Hans Liebherr; es ist das Glück des Tüchtigen. Gleichzeitig ist der Baumeister auf der Suche nach weiteren Geschäftsmöglichkeiten. Vieles wird ihm angetragen. Er ist offen für Neues, überall sieht er Chancen, doch er macht nicht alles. Er hat ein Gespür für Märkte und Produkte. 1952 beginnt er mit der eigenen Herstellung von Zahnrädern. Statt auf die langwierige Zuteilung einer Werkzeugmaschine zu warten, baut er sie selbst. 1953 startet Liebherr mit der Fertigung von Hydraulikbaggern in Kirchdorf, 1955 geht die Produktion von Kühlschränken in Ochsenhausen los, 1956 kommen Betonmischanlagen in Bad Schussenried hinzu, 1960 die Flugzeugtechnik in Lindenberg. Gewinne belässt Liebherr zur Finanzierung der Expansion im Unternehmen.

Aber einmal gönnt er sich doch etwas: Hans Liebherr fährt im Jahr 1954 mit 30 leitenden Angestellten zum Finale der Fußball-Weltmeisterschaft zwischen Deutschland und Ungarn nach Bern. Es ist eine spontane Aktion, nachdem viele Schweizer ihre Eintrittskarten zurückgegeben haben. Die Wunden

Hans Liebherr mit einem Mitarbeiter in Kirchdorf um 1950.

aus der Nazizeit sind auch in der neutralen Schweiz längst noch nicht verheilt. Während des Finales regnet es in Strömen. Das Stadion hat kein Dach. Liebherr feuert im klitschnassen Sommerjackett die Herberger-Elf an. Er sieht in der 84. Minute das 3:2 durch Rahn. Das Wunder von Bern.

Expansion von Biberach aus

Hans Liebherr baut weiter an seinem persönlichen Wirtschaftswunder. 1956 verlegt er den Hauptsitz des größer werdenden Unternehmens von Kirchdorf nach Biberach/Riß. Hans Liebherr plant und baut das zehngeschossige Verwaltungsgebäude natürlich selbst. Wieder wohnt er unter einem Dach mit der Firma: Die beiden oberen Stockwerke sind für die Familie bestimmt. Die Expansion verläuft rasant. 1958 entscheidet er sich, erstmals im Ausland zu produzieren. Er will unabhängiger von einzelnen Märkten werden. Wenn sich irgendein Markt auf der Welt schlechter entwickelt, wächst das Unternehmen dafür in einer anderen Region.

Der erste Auslandsstandort entsteht in Killarney in Irland. Dort beginnt Liebherr mit der Fertigung von Kränen. Produktionsstätten in Österreich, Frankreich, der Schweiz und Großbritannien folgen. 1970 wagt er den Schritt nach Übersee: Der Start in den USA gestaltet sich aber schwierig. Die Vertriebswege sind weit. Erst nach und nach kommt auch das US-Geschäft ins Laufen.

So ganz nebenbei findet Hans Liebherr für sich noch eine weitere Lieblingsbeschäftigung: Er wird Erbauer und Betreiber von Hotels. Für die Beherbergung von Kunden aus Kontinentaleuropa baut Hans Liebherr zunächst im Südwesten von Irland ein Gästehaus. In der Folge entstand daraus die Idee zur Errichtung eines Hotels. Später, 1985, setzt Liebherr Maßstäbe mit dem „Interalpen Hotel Tyrol" in der Nähe von Telfs in Österreich. Ein Hotel der Luxusklasse, ein 70-Millionen-D-Mark-Projekt, in den Tiroler Bergen. Auch hier zeigt sich das unternehmerische Kalkül, er legt Wert darauf, dass sich das Hotel rechnet. Einmal sagt er: „Ich habe kein Hobby, das Geld kostet." Und Bauen ist sein Hobby.

Immer unterwegs

Die Kennzahlen von Liebherr sprechen für sich: 1968, nach 20 Geschäftsjahren, macht das Unternehmen mit 5933 Mitarbeitern 388 Millionen D-Mark Umsatz. Zehn Jahre später sind es 1,7 Milliarden D-Mark und schon 11 136 Beschäftigte. Nach Abschluss des 40. Geschäftsjahrs stehen 3,1 Milliarden D-Mark Umsatz in der Bilanz. In der Expansion ist er kühn und nicht kleinlich, doch auch nie leichtsinnig. Später sagt er: „Ich bin eigentlich nie ein Risiko eingegangen. Ich

Liebherr-Mischanlage aus den 1950er-Jahren.

Das Liebherr-Firmengelände in Biberach Anfang der 1960er-Jahre.

habe immer nur so weit disponiert, wie mein Arm reicht."

Hans Liebherr ist in dieser Zeit ständig unterwegs, pausenlos pendelt er zwischen den Werken. Er kennt in den ersten Jahren viele seiner Mitarbeiter noch persönlich. Oft entscheidet er kurzfristig, wo er gebraucht wird. Ein Kalender, in dem im Januar schon die Termine bis Dezember festgehalten seien, so erzählt er einmal, das sei seine Sache nicht. Ein Chefbüro oder eine Chefsekretärin wären bei ihm überflüssig, er hat gar kein Büro. Er fährt, fliegt, reist, ist scheinbar in allen Fabriken gleichzeitig. Und wenn wirklich mal Zeit ist, gönnt er sich eine gute Zigarre. Bei allem bleibt er der ureigenen schwäbischen Sparsamkeit treu: Sein alter Mercedes tut's noch immer, und im Flieger nutzt er konsequent – auch auf Langstrecke – die „Economy Class". Er ziehe es vor, „die erste Klasse den Leuten zu überlassen, die weniger Geld haben als ich", sagt er dazu trocken.

In der Ruhe liegt die Kraft

Hans Liebherr bleibt ein stiller Typ. Große Auftritte mag er nicht, er wirkt im Hintergrund, fast erscheint er scheu. Die US-Zeitschrift „Fortune" nennt ihn einmal „close-mouthed" – verschwiegen. Fast beiläufig wird er Ehrendoktor der Technischen Hochschule Aachen und Ehrensenator der Technischen Universität Karlsruhe. Er macht sich nicht übermäßig viel daraus. Gleichzeitig besitzt er auf seine Art Ausstrahlung. Hans Liebherr ist eine natürliche Autorität. Das hilft ihm bei schwierigen Verhandlungen. Später wird die „Schwäbische Zeitung" es so beschreiben: „Eine Rolle spielte sicher auch seine äußere Erscheinung. Er war ein Mannsbild. Wenn er einen Raum betrat, dann war der Raum voll."

Hans Liebherr setzt sich hohe Ziele, ohne sich dabei zu wichtig zu nehmen. Genau das macht seinen Erfolg aus. Er trifft klare

Der Pferdefreund mit einem seiner Haflinger, Biberach 1965.

Entscheidungen und er trifft die richtigen. Mit seiner Fähigkeit, komplexe Sachverhalte rasch zu analysieren und einer guten Portion gesunden Menschenverstandes findet er oft die entscheidenden Lösungen. Diese einzigartige Gabe beeindruckt die Menschen um ihn herum immer wieder.

Streng mit sich und anderen

Mancher sagt ihm auch durchaus den Stil eines strengen Fabrikanten nach. Aber anders ist so ein Unternehmen nach Ansicht von Hans Liebherr auch nicht zu leiten. Denn schließlich hat er die Verantwortung für tausende Mitarbeiter zu tragen. Er verlangt von sich genauso viel wie von seiner Belegschaft. Einer der Mitarbeiter beschreibt es so: „Der Chef war immer hart mit sich selbst und natürlich auch mit uns." Hans Liebherr hat bei all dem auch eine soziale Ader und kümmert sich um seine Mitarbeiter.

Ein bisschen Zeit für das eine oder andere Hobby bleibt ihm dennoch. Da sind natürlich seine Pferde. Schon früh weiden neben dem Verwaltungsgebäude in Biberach acht junge, hellbraune Haflinger. Und die Hunde, ein schottischer Schäferhund und ein Neufundländer, sind immer dabei. Ansonsten raucht Hans Liebherr seine Zigarren, oder er spielt eine Partie des schwäbischen Kartenspiels Binokel. Das ist es aber auch schon. Denn sein größtes Hobby ist in Wirklichkeit sein Beruf. Er liebt es, wenn er geschäftliche Probleme lösen kann.

Werbung für Liebherr-Kühlschränke aus den 1960er-Jahren.

Im Einsatz: Liebherr-Großhydraulikbagger, Ende der 1970er-Jahre.

Die zweite Generation

Hans Liebherr plant denn auch den Generationswechsel im Unternehmen generalstabsmäßig. Seinen Kindern will er etwas Ganzes vermachen. Er, der so gern baut und aufbaut, erschafft dafür eine neue Firmenstruktur. Zwar klopfen Konzerne bei ihm an und wollen ihm Teilbereiche seiner Firma abkaufen. Aber das zieht Hans Liebherr nie ernsthaft in Betracht.

Der Generationswechsel wird Schritt für Schritt vollzogen. Die komplizierte und bis ins kleinste Detail durchdachte Generationsübergabe dauert einige Jahre. Am Ende ist die Liebherr-International AG im schweizerischen Ort Bulle die Dachgesellschaft des Gesamtunternehmens - und es bleibt alles im Familienbesitz.

Ein rein schwäbisches Unternehmen ist Liebherr inzwischen nicht mehr. Die Firma ist auf der ganzen Welt zu Hause, auch wenn die Wurzeln schwäbisch bleiben. Den Kindern gehören nun das Unternehmen und die Zukunft. Als Präsident des Verwaltungsrats behält Hans Liebherr den Blick auf das große Ganze, kann unternehmerisch die Weichen stellen, losgelöst vom Tagesgeschäft. Er hält die Zügel in unternehmerischen Belangen weiter in der Hand.

Doch es läuft für den Patriarchen nicht alles glatt. Ursprünglich sollten die fünf Kinder zu gleichen Teilen in der Firma bleiben. Doch Hubert hat 1981 einen Autounfall bei Sontheim-Weisel im Alb-Donau-Kreis. Als er Wochen später an den Ort zurückkehrt, erhält er nach eigener Aussage ein himmlisches Zeichen in der kleinen Kapelle von Weisel, die nur wenige hundert Meter entfernt vom Unfallort steht. Er findet sein Heil in Gott, setzt sich öffentlich für die Maria ein und richtet sein Leben danach aus. Der Vater, der nüchterne Pragmatiker, ist enttäuscht: Hubert solle „all das sein lassen". Doch der Sohn hat sich bereits aus dem

Die Gesellschafter der Liebherr-International AG: Patricia Rüf, Dr. h.c. Willi Liebherr, Dr. h.c. Isolde Liebherr, Stéfanie Wohlfarth, Sophie Albrecht und Jan Liebherr (von links).

Weltlichen zurückgezogen. Auch Sohn Markus gibt seine Anteile ab, um sich anderen Dingen zu widmen.

Dynamik des 21. Jahrhunderts

Hans Liebherr stirbt 1993 im Alter von 78 Jahren. Der Liebherr-Kenner Rolf Dieterich, langjähriger Journalist der „Schwäbischen Zeitung", schreibt im Nachruf über ihn: „Er war ein großer, einfacher Mann." Es ist nun an Willi, Hans und Isolde Liebherr, das Lebenswerk des Vaters zu bewahren.

„Das war ein großer Einschnitt damals", erinnert sich Willi Liebherr heute. Zunächst waren die Geschwister noch zu dritt, Hans Liebherr junior schied allerdings 1999 aus. Das Credo Willi Liebherrs folgt dem Gedankengut des Vaters: „Umsatz machen kann jeder. Gesunder Umsatz, das ist die Kunst." Wie sagte Hans Liebherr: „Expansion nur soweit mein Arm reicht." Daran halten sich die Kinder.

Willi und Isolde Liebherr – er Ingenieur, sie Betriebswirtin – führen das Unternehmen erfolgreich und ganz im Sinne des Vaters weiter: stetes Wachstum aus eigener Finanzkraft. Mit jährlichen Investitionen im dreistelligen Millionenbereich macht sich Liebherr für die Zukunft fit. Von 1993 bis 2011 hat die Firmengruppe ihren Umsatz nahezu vervierfacht. Und es gibt immer eine neue Idee, aus der man ein Geschäft entwickeln kann. Zehn Sparten mit vielen Produktbereichen unterhält das Unternehmen heute. „Liebherr ist ein wunderschöner Baukasten, aus dem sich immer wieder neue Produkte und Anwendungen zusammenstellen oder ableiten lassen", formuliert es Willi Liebherr 2010 in einem Zeitungsinterview.

Und im Sinne einer frühzeitigen Weichenstellung für die Zukunft des Familienunternehmens arbeitet die nächste Generation bereits im Unternehmen mit: Seit dem Jahr 2012 sind auch Sophie Albrecht, Jan Liebherr, Patricia Rüf und Stéfanie Wohlfarth als erste Vertreter der dritten Generation in die Leitung einzelner Unternehmensbereiche eingebunden.

Und noch eine Maxime des Konzerngründers behält das Unternehmen ausdrücklich bei: die Zurückhaltung in der Öffentlichkeit. Nach wie vor ist es nicht Sache der Liebherrs, groß zu tönen – gemeinsam lassen die zweite und dritte Generation nicht locker und arbeiten zielstrebig am langfristigen Erfolg des Unternehmens.

Karl Storz

geboren am 31. März 1911 in Tuttlingen
gestorben am 23. Mai 1996 in Tuttlingen

Ein Leben für die Medizintechnik

Karl Storz mit seiner Tochter Sybill in den Anfangsjahren des Unternehmens.

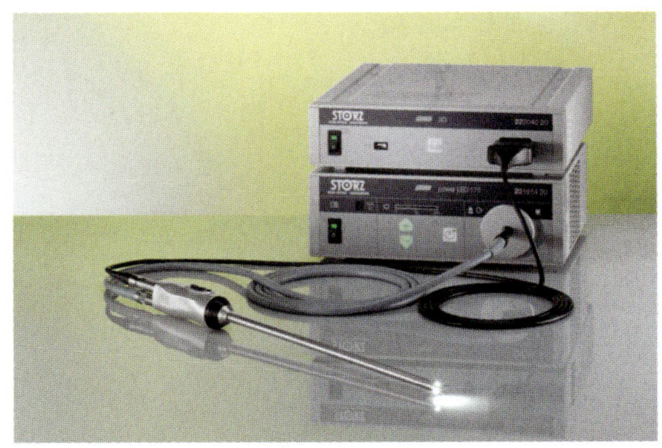

Innovationskraft auch im 21. Jahrhundert: Das 2011 eingeführte „Karl Storz 3D-System" ermöglicht dem Chirurgen eine deutlich bessere räumliche Orientierung im Körper.

Den Württembergern sagt man nach, sie lebten, um zu arbeiten – und nicht umgekehrt. Auch im Falle des Medizintechnik-Pioniers Karl Storz stand die Freizeit immer hinten an. Die Arbeit, die Firma, neue Produkte ersinnen – das füllte ihn voll und ganz aus. Bis zu seinem letzten Lebenstag im Alter von 85 Jahren arbeitete Karl Storz in seinem Unternehmen und ging fast täglich ins Büro – weil er es so wollte.

Die Medizintechnik war für ihn mehr als ein Job, es war Berufung und Lebensziel. Wenn andere von Arbeit und Mühsal redeten, sprach der unermüdliche Tuttlinger Firmengründer von der „Erfüllung eines Lebenstraums". Die stete Unruhe machte aus Karl Storz einen Erfinder, einen Unternehmer, vor allem aber einen Praktiker. Er hat mit seiner Arbeit ein Kapitel Medizintechnikgeschichte geschrieben und einen hohen gesellschaftlichen Beitrag geleistet. Denn es geht um das Kostbarste, was der Mensch hat: seine Gesundheit.

Anfänge in Tuttlingen

1911 wird Karl Storz in Tuttlingen geboren. Im gleichen Jahr gründet der Vater eine Firma zur Herstellung von medizinischen Instrumenten. Die Medizintechnik ist dem Sohn also in die Wiege gelegt. Er macht erst die Schule fertig, um danach im väterlichen Betrieb in die Lehre zu gehen. Er durchläuft die klassische Ausbildung eines Handwerkersohnes. Nach der Ausbildung wird er sich wie sein Vater, der ebenfalls Karl heißt, „Instrumentenmacher" nennen können.

Doch schon bald zieht es den jungen Mann weg aus dem beschaulichen Tuttlingen. Er will – fernab der Eltern und der Heimat – selbst seine Erfahrungen sammeln. Denn die Welt der Medizintechnik kann er in der Firma des Vaters nicht zur Gänze kennenlernen. 1928, mit 17 Jahren, geht er in die Großstadt, nach Leipzig, und arbeitet dort im alteingesessenen Sanitätshandelshaus Frenzel. Seine Tätigkeit: der Vertrieb von medizinischen Instrumenten. Es wird eine ganz wichtige berufliche Etappe in Karl Storz' Leben.

In Leipzig steht er in engem Kontakt mit den Ärzten und erfährt, was die Kunden wirklich wollen. Täglich hält er die Produkte prominenter Hersteller wie etwa von C. G. Heynemann in den Händen und kann sie in Ruhe analysieren. Er will wissen, welche Idee hinter den Produkten steckt. Unter anderem nimmt er die Geräte des Endoskopiepioniers Josef Leiter unter die Lupe. Natürlich lernt er hier als werdender Kaufmann auch den Verkauf von der Pike auf.

Es wird eine lehrreiche Zeit. Karl Storz arbeitet unermüdlich. Auch nach Feierabend gibt es für ihn weder Muße noch Ruhe. Er geht in die Bibliotheken der Universitätsstadt, um sich weiterzubilden. Wissenschaftslitera-

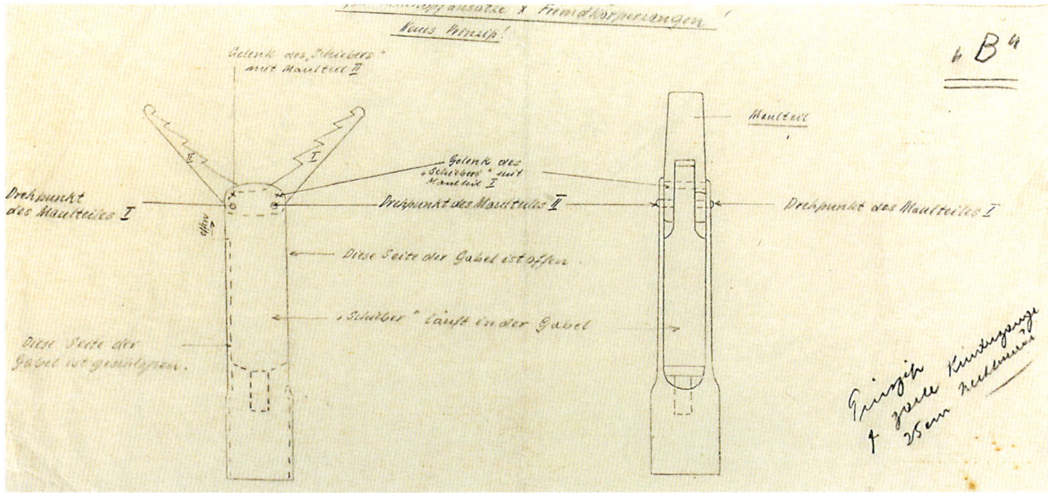

Der Erfinder Karl Storz war immer auf der Suche nach einer besseren Lösung.

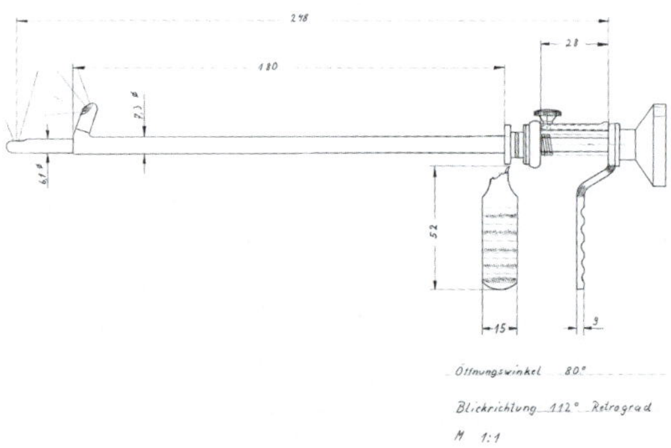

Von Karl Storz angefertigte Ideenskizzen und Konstruktionszeichnungen.

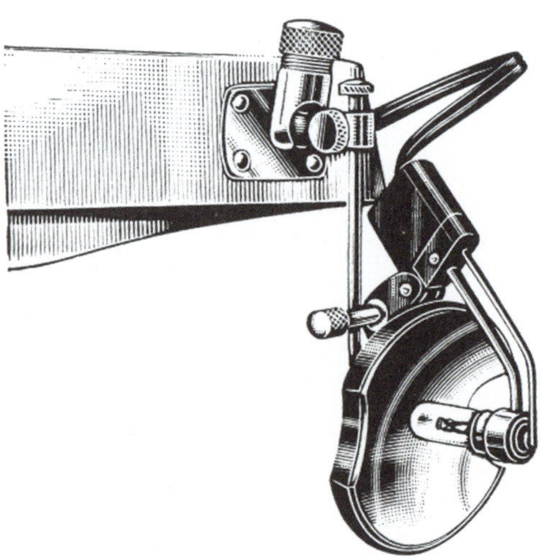

Stirnlampe nach Clar aus dem Jahr 1955.

tur wälzen, Fachzeitschriften studieren, Ideen aufschreiben, Geräte berechnen – so geht das über Jahre.

Seine Emilie

Doch Studieren ist nicht alles. In dieser Zeit heiratet Karl Storz seine Emilie, die er noch in der schwäbischen Heimat kennengelernt hatte. Sie sind zum Zeitpunkt der Hochzeit noch sehr jung, sie 20, er 22. Die Zeit in Leipzig, in diesen Jahren eine wunderschöne Stadt, genießen sie. Mit Sybill wird im Juni 1937 die erste Tochter geboren. Später folgt Gudrun.

Die Leipziger Schaffensperiode wird durch den Zweiten Weltkrieg jäh beendet. Der Krieg lässt auch Karl Storz nicht unbehelligt. Er wird eingezogen, ist zwei Winter lang als Sanitäter in Russland stationiert. Dann aber wird er auf Antrag seines einstigen Chefs plötzlich „arbeitsbeurlaubt" und darf nach Leipzig zurückkehren. Es mag seine Rettung sein. Doch Leipzig leidet schwer unter dem Krieg. Nach den schweren Bombardements Ende 1943 zieht die Familie aufs Land. Dort kann Karl Storz in den ausgelagerten Niederlassungen der Firma arbeiten. Die Familie wohnt teils in Seebenisch, teils in Eythra, einem Dorf, das es heute nicht mehr gibt.

Karl Storz bleibt nicht in Sachsen. Ein Freund, der ein Radio besitzt und vom Anmarsch der Russen weiß, empfiehlt Karl Storz: Jetzt müsst ihr weg, sonst wird es knapp. Am 31. März 1945, an seinem 34. Geburtstag, bricht er mit seiner kleinen Familie nach Tuttlingen auf, das später von den Franzosen besetzt wird.

Mit dem Fahrrad soll die Reise gelingen. Das ist eine schlechte Idee, sie kommen nicht weit, so ein Radl hält nicht lang. Doch das Glück bleibt ihnen auch dieses Mal treu: Mit viel Verhandlungsgeschick kann der Bahnbeamte am Schalter überzeugt werden, sodass die Familie eine Fahrkarte lösen darf. So können sie eine große Teilstrecke mit der Eisenbahn zurücklegen, der Rest wird zu Fuß absolviert. Die Reise dauert mehrere Tage.

Kaum daheim angekommen, ist der Krieg vorbei. Karl Storz will hier in der schwäbischen Heimat etwas wagen. Schon lange reifen in ihm die Pläne für ein eigenes Unternehmen. Die Ehefrau hilft ihm bei dem Vorhaben. Auch sein Vater Karl steht ihm dabei zur Seite. Denn nur er ist im Besitz der nötigen Handwerkskarte. Firmen zu gründen – das ist 1945 eigentlich nicht erlaubt. 1949 wird Karl Storz dann seinen Meisterbrief von der Handwerkskammer Reutlingen erhalten.

Glaube an die Zukunft

Von einem richtigen Unternehmen kann man in der Stunde Null noch nicht reden. Es ist ein bescheidener Anfang, denn überall

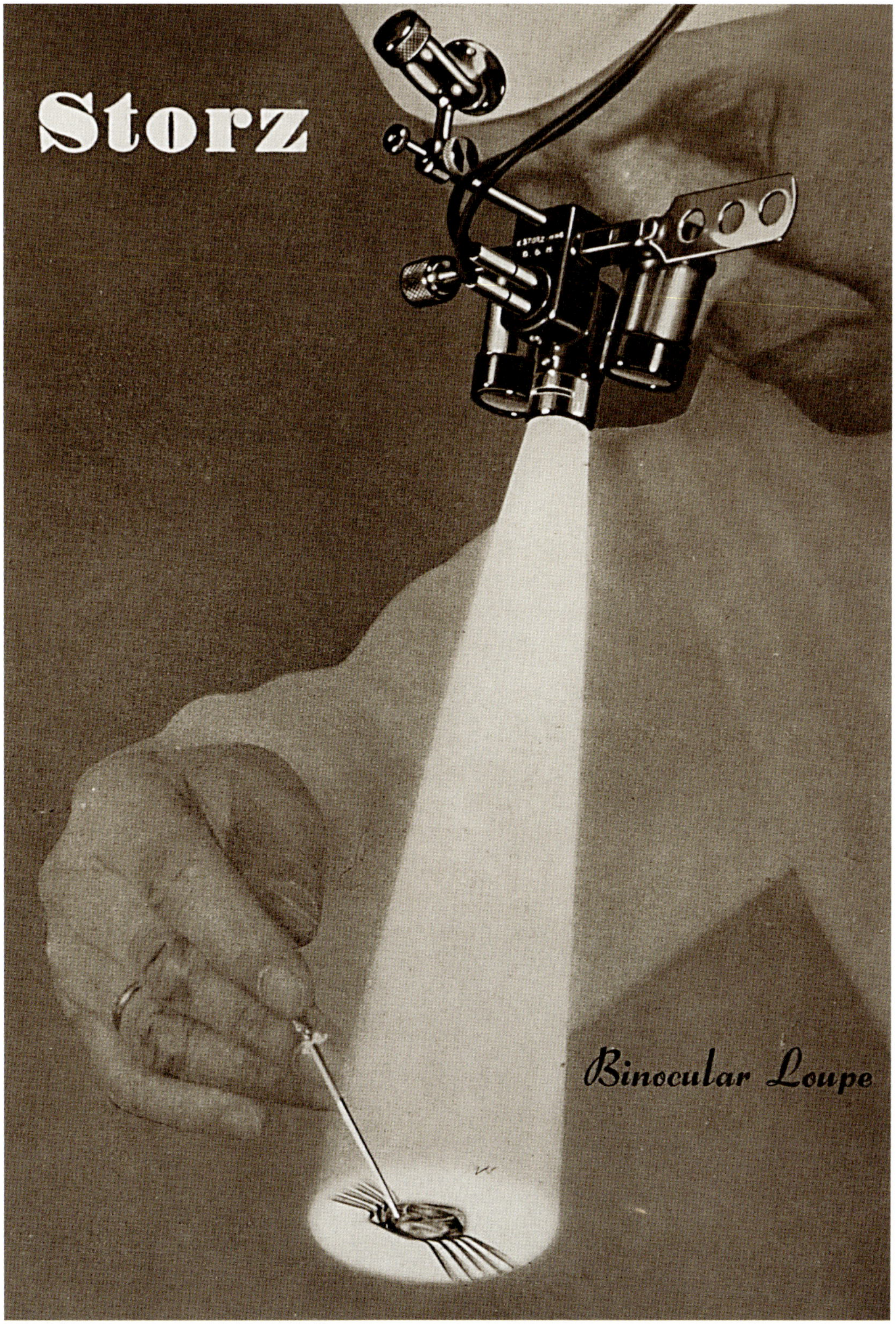

Das erste Sortiment umfasst 1945 Instrumente, Stirnlampen und diese Binokularlupe für Hals, Nase, Ohren.

herrscht Not in den ersten Nachkriegstagen. Im Grunde ist es nur eine ganz kleine Werkstatt, die da in der Hermannstraße steht. Sie hat zwei Mitarbeiter: Karl und Emilie Storz. Das Land ist am Boden, und noch ist es unvorstellbar, dass die Wirtschaft wieder irgendwann erblühen wird. Indes ist Tuttlingen kein normaler Ort, denn mit der starken Ansiedlung von Medizintechnik – lange bevor der Begriff „Cluster" überhaupt bekannt ist – weiß das Städtchen seine Chancen zu nutzen. Hunderte Firmen in der Region, auch sehr große, leben heute von der Nachfrage nach Instrumenten der Medizintechnik. Karl Storz wird zum 40-jährigen Bestehen seines Unternehmens bescheiden sagen: „Es gab ja klangvollere Namen in der Stadt."

Karl Storz glaubt an seine Zukunft. Er beginnt damit, Instrumente für die Hals-Nasen-Ohrenheilkunde (HNO) herzustellen. Er baut eine Binokularlupe, die Operationen bei Mittelohrschwerhörigkeit erleichtert. Auch Stirnlampen für Ärzte gehören zum ersten Sortiment. Er will Geräte und Systeme bauen, mit denen Ärzte besser in den Patienten hineinblicken können. Nur Bestehendes und Bekanntes nachzubauen, das reicht ihm nicht. Er will den ganzen Sektor weiterentwickeln.

Das ist auch gesellschaftlich eine gewichtige Aufgabe, denn die medizintechnischen Möglichkeiten sind nach dem Zweiten Weltkrieg noch sehr begrenzt. Zu diesem Zeitpunkt beleuchtet man das Körperinnere

Im Jahr 1956 ermöglicht das erste extrakorporale Elektronenblitzsystem endoskopische Fotos in bisher unbekannter Qualität.

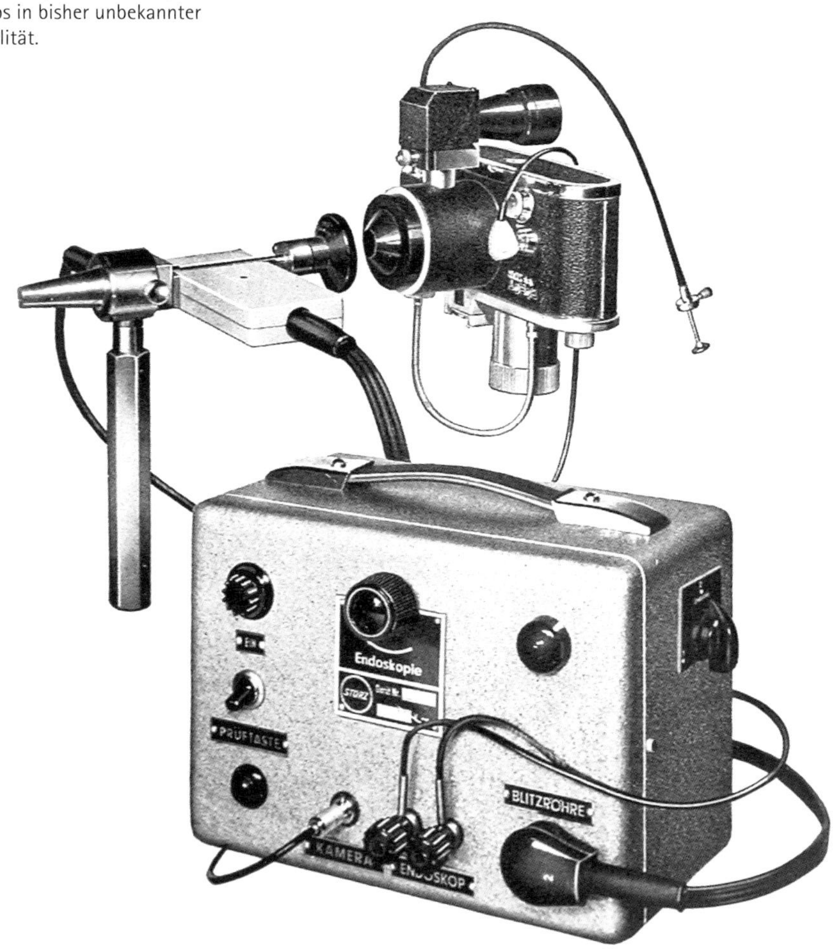

noch mit elektrischen Miniaturlämpchen oder versucht, äußeres Licht mit Hilfe von Quarzstäben in den Körper zu spiegeln.

Doch Karl Storz ist sich sicher, dass dies noch nicht das Ende der Entwicklung ist. Er will wissen, was wirklich nützlich ist, was machbar ist, und sucht dafür den intensiven Kontakt zu den Ärzten. Eigentlich haben die Instrumentenbauer nur Beziehungen zu den Händlern, die wiederum die Geräte an die Ärzte verkaufen. Das scheint Karl Storz aber zu umständlich, da geht seiner Meinung nach viel Wissen auf dem Weg verloren. Er zieht den direkten Gedankenaustausch vor. Aus seinem neu erworbenen Wissen gehen zu der Zeit Geräte hervor, die teilweise noch heute im Storz-Katalog zu finden sind.

Die Firma wächst, auch wenn vor allem die Anfangsjahre nicht immer leicht sind. Im bitteren Nachkriegsjahr 1947 versendet Karl Storz Briefe an die Kunden, die doch bitte die alten ausgebrannten Glühbirnen zurückschicken mögen, denn mit einer Fassung komme die Firma leichter an neue Glühbirnen heran.

Im Kaltlicht

Karl Storz‘ Steckenpferd ist die Endoskopie. Das Feld ist noch wenig bearbeitet. Frühe Vorläufer sind zwar schon im 19. Jahrhundert erfunden worden, um die Diagnose zu verbessern. Es wird aber auch in der Nachkriegszeit

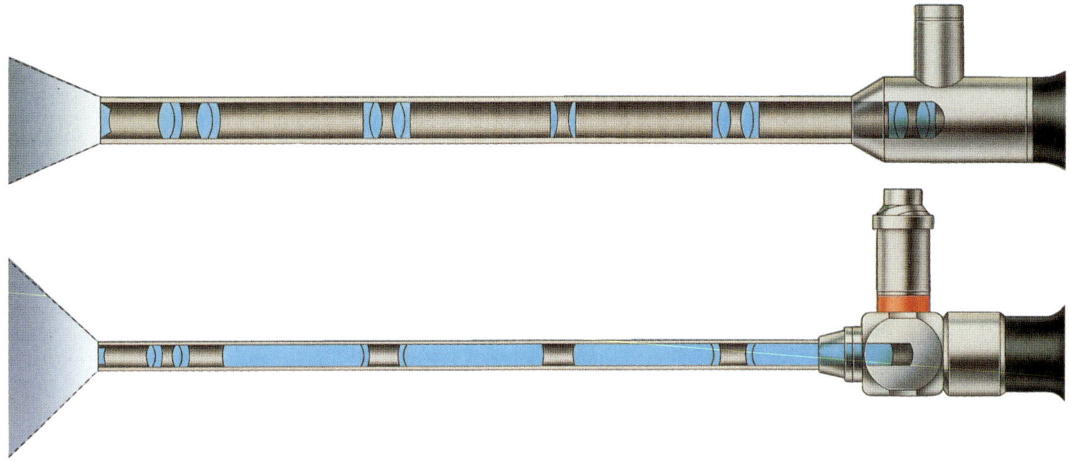

Ergebnis einer gelungenen Zusammenarbeit: Die Storz-Endoskope mit dem patentierten Hopkins-Stablinsensystem gehen 1965 in die Serienproduktion.

immer noch mit kleinen Glühbirnen in den Menschen hineingeschaut. 1953 konstruiert Karl Storz sein erstes Endoskop mit einem traditionellen Linsensystem. Sein Plan: Er will durch das Instrument besonders helles und gleichzeitig kaltes Licht in die Körperhöhlen leiten und so die Behandlungsmethode deutlich verbessern. Dazu braucht es jemanden mit handwerklicher Begabung und gleichzeitig mit der Fantasie eines Künstlers und Erfinders. Karl Storz hat offensichtlich beides.

Seinen großen Durchbruch mit der Kaltlichtmethode hat er 1960. Karl Storz erkennt, dass sich Glasfasern nicht nur zur Bildübertragung, sondern vor allem hervorragend zur Lichtleitung nutzen lassen. Er entwickelt somit eine Kaltlichtquelle, die vom Endoskop getrennt werden kann und so mit Hilfe einer starken externen Lichtquelle, die über den sogenannten Lichtleiter mit dem Endoskop verbunden ist, das Körperinnere besser erhellt. Die Lichtstärke ist so intensiv, dass man erstmals im Körperinneren filmen und fotografieren kann. „Die neue Lichtquelle bedeutete eine wirkliche Revolution. Sie hat alles auf den Kopf gestellt“, sagt Karl Storz später. Damit könnten Ärzte endlich neue Operationstechniken ersinnen, da nun genügend Licht vorhanden sei, um eindeutige Diagnosen zu stellen – eine Voraussetzung für therapeutische Eingriffe. Die Kaltlichtquelle ist geboren.

Patente über Patente

Karl Storz hat diese Technologie als Erster entdeckt und angewendet und gilt somit als Erfinder des Kaltlichts. „Natürlich hatten wir sofort Nachahmer. Meine Mitbewerber auf dem Markt – das Wort Konkurrenten will ich einmal fortlassen – versuchten dort zu ernten, wo sie nicht gesät hatten“, sagt er einmal anlässlich eines Firmenjubiläums. Plagiatoren haben ihn Zeit seines Lebens geärgert. Am Ende seiner Laufbahn werden 400 Patente und Gebrauchsmuster für Endoskope auf seinen Namen lauten.

Er weiß aber auch, dass er es ohne gute Helfer nie so weit gebracht hätte: Karl Storz arbeitet in seiner Hochphase viel mit dem englischen Physiker Harold H. Hopkins und mit dem Endoskopisten George Berci zusammen. Hopkins hatte bereits 1959 das System der Stablinsen zum Patent angemeldet. Im Gegensatz zu englischen und amerikanischen Firmen erkennt Karl Storz sofort und als einziger, welche Möglichkeiten das neue System bietet und setzt sich umgehend mit Professor Hopkins in Verbindung. Schon bald gehen die ersten Storz-Stablinsenoptiken in Produktion – und werden zum bis heute gültigen Maßstab endoskopischer Bildübertragung.

Zahllose Entwicklungen folgen. 1966 steigt das Tuttlinger Unternehmen in die Urologie ein. 1970 erfindet Storz den sogenannten Ultraschall-Lithotriptor, seine dritte große

Die Erfindung der Kaltlichtquelle im Jahr 1960.

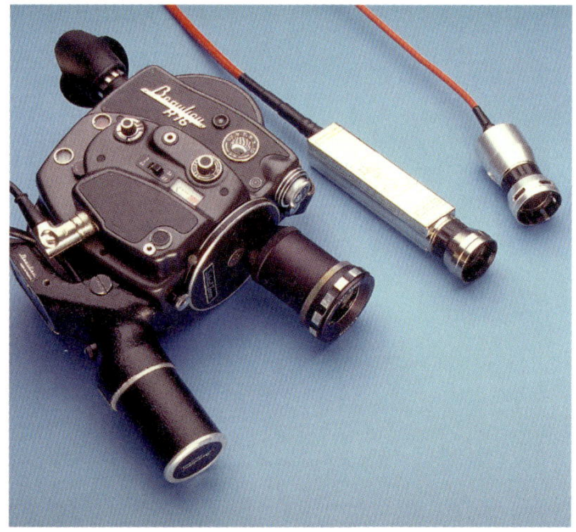

Endoskopische Kamerasysteme im Wandel der Zeit (1970er- bis 1990er-Jahre).

Karl Storz war solider Handwerker, kreativer Erfinder und hatte auch ein untrügliches Gespür als Unternehmer.

Innovation: Der mechanische Lithotriptor wird auf Wunsch des Münchner Urologen Wolfgang Mauermayer gebaut. Das Gerät zertrümmert Steine im Harnbereich auf eine für den Patienten schonende Weise. Noch heute wird eine Weiterentwicklung davon benutzt. Nebenbei baut Karl Storz die weltbesten Kameras zur medizinischen Dokumentation. Sie sind heute wohlgeordnet in der Tuttlinger Zentrale in Vitrinen ausgestellt.

Nun fließt bei Storz alles zusammen: Optik, Elektronik, Mechanik und seit den 1990er-Jahren auch Software. Sein Blick geht stets auch ins Ausland. Nicht etwa, um die Produktion zu verlagern, sondern um bei technischen Neuentwicklungen immer auf dem neuesten Stand zu sein. Berci ermuntert die Storzens, nach Kalifornien zu kommen. Emilie Storz fragt den Freund der Familie: „Warum sollen wir uns das eigentlich antun, Dr. Berci?"

Doch 1971 gründet Storz in Los Angeles tatsächlich eine Vertriebsniederlassung und es folgen zahlreiche weitere ausländische Vertriebs- und Marketinggesellschaften sowie Produktionsstandorte. Während optische und elektronische Produkte aus den Werken Tuttlingen und Schaffhausen (Schweiz) stammen, werden die High-Tech-Videokameras im amerikanischen Goleta entwickelt und gefertigt. Die Produktion von Glasfasern zur Lichtübertragung erfolgt im amerikanischen Charlton. Bei der notwendigen Internationalität steht Karl Storz aber aus gutem Grund zu seinen Wurzeln in Baden-Württemberg.

Doch das Unternehmen schaut auch über die Grenzen der Wirtschaftlichkeit hinaus und engagiert sich auch in Regionen, in denen Menschen einen weniger guten Zugang zu medizinischen Leistungen haben. Soziales Engagement im Gesundheitsbereich gehört seit jeher zur Unternehmenskultur des Hauses; heutzutage würde man von „Corporate Social Responsibility" sprechen.

Endoskope für Olympia

Die Storz-Geräte können natürlich alles Mögliche ausleuchten, nicht nur menschliche Körper. So nutzen etwa Industrie-Unternehmen die Endoskope, um ihre Maschinen zu warten oder zu montieren. Die Amerikaner haben mit den Storz-Endoskopen gearbeitet, um ihre Raumschiffe der Reihe Apollo zu untersuchen. (Als Dank erhielt Karl Storz eine Schuppe des Hitzeschildes und einen Stein vom Mond.) Zudem können Eltern dank Storz sehen, wie ihr Baby im Mutterleib wächst: Die weltberühmten Bilder des schwedischen Wissenschaftsfotografen Lennart Nilsson aus dem Buch „Ein Kind entsteht" wurden mit einer Storz-Erfindung aufgenommen. Dagegen kam den Endoskopen bei den Olympischen Spielen in Barcelona im Jahr 1992 eine ganz andere Aufgabe zu: Storz war dort mit seinen endoskopischen Veterinärinstrumenten offizieller Ausstatter des leitenden Tierarztes der Olympischen Spiele, der die Sportpferde betreute.

Der Arbeiter

Karl Storz arbeitet ohne Pause, er kennt keine Ermüdungserscheinungen. Der Unternehmer hat sich über die Jahrzehnte den Respekt der Mitarbeiter, Ärzte und Geschäftspartner erworben, da er sich rund um die Uhr mit Fleiß, Wissen und Vision für das Unternehmen und die Fortentwicklung der Endoskopie einsetzt. Sein schlichtes Motto lautet: „Gut ist nicht gut genug.“ Es gibt immer etwas zu verbessern. Er hat wie so viele schwäbische Industriepioniere einen starken Drang zur Perfektion, und perfekte Produkte entstehen oft nicht aus einer Eingebung von oben, sondern nur durch harte Arbeit.

Was er außerdem mit anderen Firmengründern gemein hat: Er scheut das Rampenlicht. Große Gesellschaft braucht er nicht. Viel lieber sitzt er an seinem Schreibtisch und denkt nach, grübelt, zeichnet, tüftelt. Seine Besprechungen mit dem Führungspersonal sind knapp und präzise, seine Ansagen klar und deutlich. Gleichzeitig will er den Mitarbeitern genügend Spielraum lassen, damit sie ihre Kreativität ausleben können. Und er beteiligt seine Mitarbeiter am Gewinn. In

Immer präsent und nah beim Kunden: Messeauftritte des Unternehmens Karl Storz früher (1984) und heute (2010).

Kurz vor dem 40-jährigen Firmenjubiläum: Der Unternehmer Karl Storz im Jahr 1983.

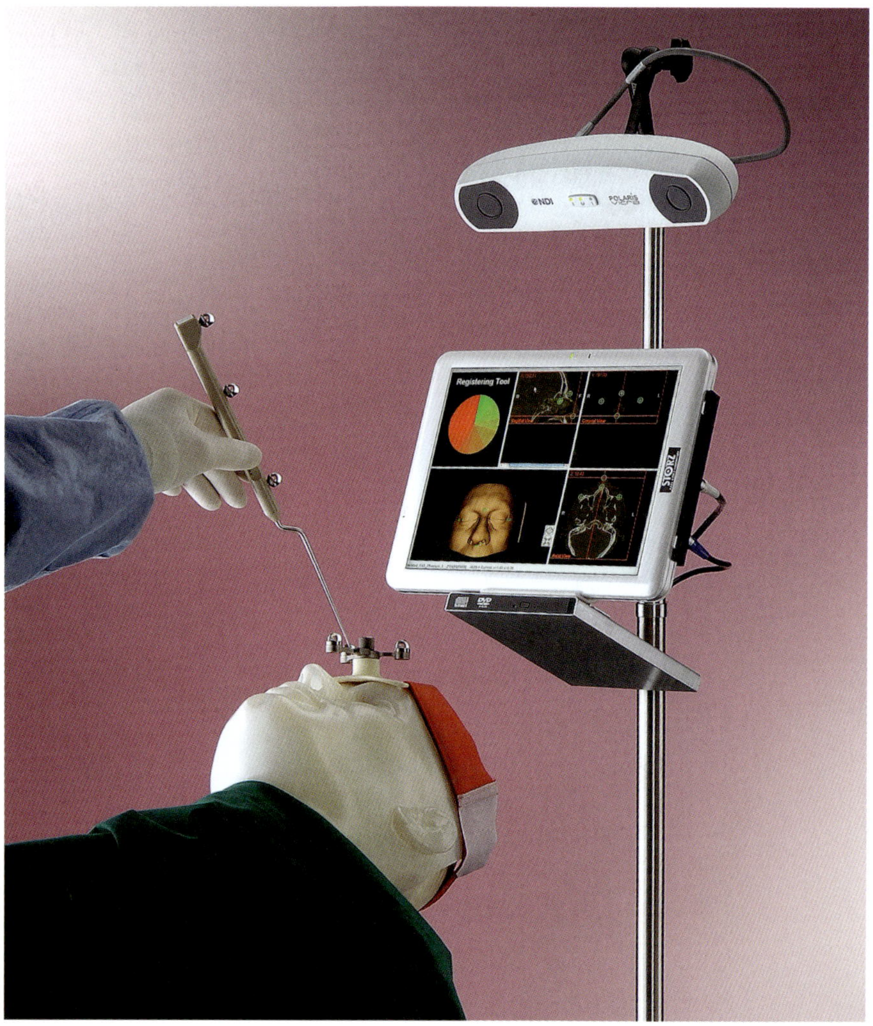

Traditionell der Innovation verpflichtet: Navigation in der Chirurgie im Jahr 2010.

einem Artikel zu seinem 80. Geburtstag heißt es: „Er respektiert die Beschäftigten, und sie respektieren ihn." Seine Tochter Sybill nennt ihn „einen idealen Chef".

Späte Jahre ohne Rast

Noch in den 1980er- und 1990er-Jahren arbeitet Karl Storz ohne Unterlass. Manchmal rückt er allerdings aus zu seinem einzigen Hobby, dem Angeln. Er fischt im Donautal und in den Fischweihern der Umgebung. „Wir waren deswegen wahre Fischesser", erinnert sich die Tochter. Karl Storz leitet das Unternehmen bis zuletzt. In jedem Stockwerk hat er ein Büro, damit er nicht so viele Treppen steigen muss. Kurz vor seinem Tod erhält er das Bundesverdienstkreuz am Bande. In Tuttlingen wird eine Straße nach ihm benannt. Nebenbei wird er 1985 von der medizinischen Fakultät der Universität Marburg zum Ehrendoktor ernannt. Die Branche spricht von ihm ehrfürchtig als „einem großen Freund".

Erst mit seinem Tod im Alter von 85 Jahren – im Jahr 1996 – endet auch die Unternehmensführung. Sybill Storz ist nun gefragt. Die Tochter führt das Unternehmen als Alleingeschäftsführerin mit Fortune weiter. Unter ihrer Ägide wird die Firma endgültig zum Global Player. Bereits seit den späten 1950er-Jahren lernt sie die Firma in- und auswendig kennen. Sie erfüllt den Wunsch des Vaters, das erreich-

Die zweite und dritte Generation der Unternehmerfamilie lenken heute die Geschicke der Firma: Dr. h. c. mult. Sybill Storz mit ihrem Sohn Karl-Christian Storz.

te Niveau und die Qualität immer weiter zu verbessern.

Doch in ihrer Zeit verändert sich die Wirtschaft auch immens: Es geht nicht mehr nur in erster Linie um neue Welterfindungen. Sybill Storz muss ein großes Unternehmen leiten, sie muss sich ums Management kümmern. Wenn der Vater mehr der Erfinder war, so ist sie die Unternehmerin.

Heute gehört das Storz-Unternehmen zu den Weltmarktführern bei der Herstellung von Endoskopen und medizinischen Geräten. Mit 5800 Beschäftigten setzt es 1,13 Milliarden Euro um. In den Startlöchern steht bereits Karl-Christian Storz, der Enkel des Firmengründers. Er weiß: kein Stillstand, kein Ausruhen auf einmal errungenen Lorbeeren – ganz im Sinne des Großvaters.

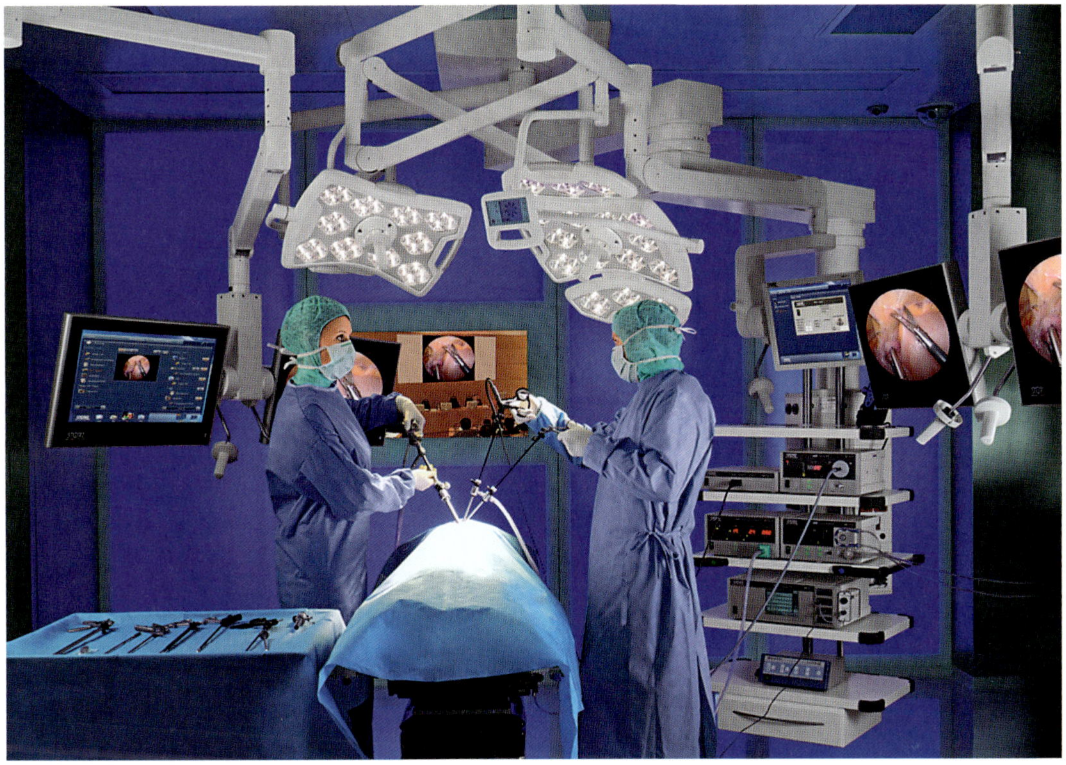

Die Weiterentwicklung des Unternehmens zum Systemanbieter: Das integrierte Operationssaalkonzept „Karl Storz OR1".

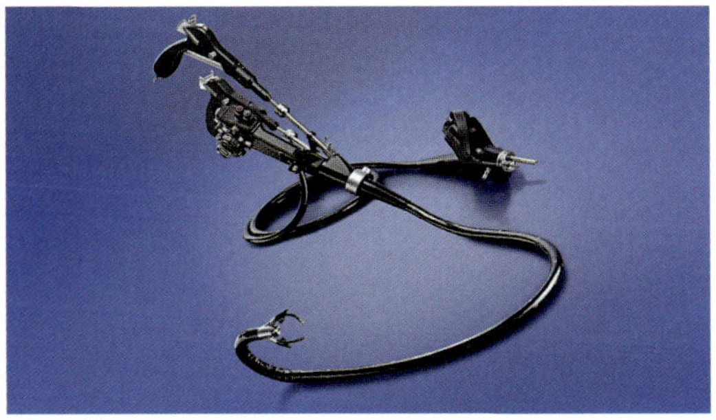

In den Synergiefeldern von Chirurgie und Gastroenterologie wird nach immer besseren Therapieoptionen geforscht. Ergebnis ist das „Anubiscope" von Storz.

Max Weishaupt

geboren am 31. Oktober 1908 in Schwendi
gestorben am 18. August 1982 in Schwendi

Vollbluttechniker und Bürger mit Herz

Max und Sofie Weishaupt 1978 im Garten.

Blick in die Produktion von Weishaupt heute.

An Weishaupt kommt man nicht so leicht vorbei. Weishaupt ist überall. Die Heizsysteme des oberschwäbischen Unternehmens haben den Rasen des Pariser „Stade de France" beim Fußball-WM-Endspiel 1998 beheizt; Weishaupt-Kessel machen den Kadetten auf der Gorch Fock das Leben auf hoher See erträglicher; ein Weishaupt-Ölbrenner wärmt die Zuhörer der Royal Albert Hall in London. Weishaupt sorgt selbst in der Sixtinischen Kapelle im Vatikan für ein konstantes Klima, um Michelangelos Fresken zu schützen. Weishaupt, einer der Weltmarktführer in der Heiztechnik, ist omnipräsent. Und hat doch so klein und bescheiden angefangen.

Der Pionier, der das alles aufgebaut hat, heißt Max Weishaupt. Als kleiner Handwerker aus dem Dorf Schwendi im Landkreis Biberach fing er in schwierigen Zeiten an. Seine Innovationen in der Brennertechnik ließen die Firma in Wirtschaftswunderzeiten stark wachsen, Weishaupt expandierte ins Ausland und bestach mit immer wieder neuen Produkten. Am Ende seines Lebens galt Max Weishaupt als einer der großen Unternehmer und einer der erfolgreichen Technikpioniere des Landes Baden-Württemberg. Fünf Jahrzehnte Schaffenskraft im Betrieb lagen dazwischen.

Doch Max Weishaupt ist mehr als Technikpionier und Unternehmer gewesen: Er, Oberschwabe ganz und gar, trug Verantwortung für seine Heimat und deren Bürger. Deswegen ist Max Weishaupts Leben so spannend: Er war Vollblutunternehmer, Vollbluttechniker, Bürger mit Herz und Verstand.

Die Handwerkerfamilie

Die Handwerkskunst ist Max Weishaupt in die Wiege gelegt. Er wird 1908 als zweites Kind in eine tüchtige Handwerkerfamilie hineingeboren. Der eine Großvater, Karl Hammer, ist Maler und Kunstmaler, er betreibt in Schwendi ein Malerfachgeschäft. Der andere Großvater, Max Weishaupt, stellt große Blasebälge her für Schmieden und Orgeln. Und Max Weishaupts Vater, Maschinenbaumeister Franz Josef Weishaupt, baut transportable Feldschmieden und Schmiedeherde für Schlossereien. Man sieht: Mit den Elementen Feuer und Luft hatten die Weishaupts immer schon zu tun. Max Weishaupt wird in diese Fußstapfen treten.

Doch eine komfortable Kindheit ist ihm nicht beschert. Großvater Max stirbt früh, der Vater Franz Josef, erst 17 Jahre alt, steht in der Pflicht und übernimmt die bescheidene Werkstatt. Er muss seine drei Geschwister und später seine eigene Familie versorgen. Seine Frau Babette Weishaupt-Hammer kümmert sich um Kinder und Haushalt.

Dann bricht ein Weltkrieg aus, als Max noch keine sechs Jahre alt ist. Der Vater muss ins Feld. Die Weishaupts schlagen sich ohne ihn durch.

Der Sohn ist nicht auf den Kopf gefallen. In der streng wilhelminischen Schule ist er engagiert und ehrgeizig in allem, was er tut. Wenn er mit den Schulkameraden Fußball spielt, zeigt sich sein Wettkampfgeist. Er will gewinnen, er will Tore schießen. Den Sieg will er sich verdienen durch gute Technik und mit Fairness. Es ist ganz so, wie er später sein Unternehmen leiten wird.

Ansonsten liest Max gern Matthias Claudius und merkt sich manche Aphorismen des deutschen Dichters. An sie wird er sich später auch im wirklichen Leben halten. Tatkraft, Willen, Verantwortung – das sind Claudius' Worte, die auch Weishaupts Worte werden.

München 1883. Stuttgart 1881. Augsburg 1886. Mainz 1896.
Ulm 1871. Mainz 1830.

Gebläsefabrik Schwendi
Inh.: Franz Weishaupt.
Spezialfabrik für Gebläse- und Schmiedefeuer-Anlagen, Ventilation.
Gegründet 1827.

Abteilung III.
Feldschmieden.

Nr. 1, 2 und 3.

Leichte und dabei unverwüstliche transportable Schmiedeherde oder Feldschmieden,
mit schmiedeeisernen Herdplatten und starken Ventilatorgebläsen, u. bewährten, regulierbaren Esseisen, Herdeinsätzen, sog. Patentfeuern.
Jedem Bauhandwerker, kleineren mechanischen- und Reparatur-Werkstätten, Brauereien, sowie Allen, welche leichtere Schmiedearbeiten zu verrichten haben zu empfehlen.

Nummer		1	2	3
Frühere Nummer		13a	14a	15a
Länge der Herdplatte	ca. mm.	530	600	700
Breite „ „	„ „	450	500	500
Höhe bis zur „	„ „	800	800	800
Gewicht der Feldschmiede	ca. K.	70	75	85
Preis „ „	M	35.—	40 —	45. —
„ des Löschtroges	„	2.50	2.50	2.50
Mehrpreis für einen Wind- oder Kohlenschirm		3 —	3.—	3.—
„ einer Anhängevorrichtung für Feuergeräte		3.—	3. —	3.—

Nr. 4, 5 und 6.

Unverwüstliche neueste
Montage-Feldschmieden
aus Schmiedeeisen
mit einzig bewährten Esseisen-Herdeinsätzen, sog. Patentfeuer und starken Ventilatorgebläsen und Schutzplatten.

Nummer		4	5	6
Frühere Nummer		13b	14b	15b
Länge der Herdplatte	mm	530	600	700
Breite „ „	„	450	500	500
Höhe bis zur Herdplatte	„	800	800	800
Gewicht der kompl. Feldschmiede	ca. Kil.	90	98	106
Preis der Feldschmiede mit Riemen	M	50.—	60.—	70.—
Für einen Kohlenschirm	„	3.—	3.—	3.—
„ „ Löschtrog zum Anhängen	„	2.80	2.80	2.80

Um 1900 gehört die „Gebläsefabrik Schwendi" Franz Josef Weishaupt, dem Vater von Max Weishaupt.

Vaters Werkstatt

Max Weishaupt geht bis 1922 in die Schule und tritt mit 14 Jahren in den väterlichen Betrieb ein. Zum Sortiment der „Gebläsefabrik Schwendi" gehören Gebläseanlagen und Feldschmieden. In der Lehre erweist er sich als geschickt, er besitzt praktische Hände und eine schnelle Denke. Und Max hat Wissensdurst, will lernen und verstehen. Eigentlich möchte er gern eine höhere Schule besuchen und sein Wissen mehren. Das Zeug dazu hat er. Doch der Vater bleibt stur: Ein ehrliches Handwerk, mehr braucht ein rechtschaffener Mann nicht. „Handwerk hat goldenen Boden", sagt er. Heute würde man anfügen: „... mit der Leiter nach oben".

Technik ist für Max Weishaupt etwas Magisches. Er ist fasziniert von Innovationen und kann sich an neuen Produkten und Gerätschaften regelrecht ergötzen. Er sieht den ersten Doppeldecker, der es nach Schwendi schafft. Und er bekommt ein erstes einfaches Radio zu Gesicht. Mit einem Freund baut er den Empfänger nach und zimmert zudem noch einen großen Lautsprecher zusammen. Das sorgt nicht nur einmal in der kleinen Gemeinde für spontane Tanzstimmung.

Es sind politisch unsichere Jahre. Zwar sorgt die Phase der „Golden Twenties" kurz für Unbeschwertheit im Land. Aber die Konjunktur geht mit der Weltwirtschaftskrise von 1929 in die Knie, die Arbeitslosigkeit

1932 gründet Max Weishaupt sein Unternehmen und beginnt mit der Produktion von Schmieden und Gebläsen.

steigt, das Volk verarmt. Einen Tag vor Max Weishaupts 21. Geburtstag titelt die „New York Times“ am 30. Oktober 1929: „Stocks collapse“. Die Aktienkurse werden sich auch nicht mehr erholen. Börsen und Wirtschaft liegen am Boden.

Die Weishaupts können sich der Krise nicht entziehen. 1931 kommt das Ende von Vaters Werkstatt, das Feuer erlischt, der Betrieb macht dicht.

Max Weishaupt überlegt, was zu tun ist. Er ist jetzt 23 Jahre alt. Es muss für ihn weitergehen. Er hat ein paar Geräte und ein bisschen Werkzeug aus Vaters Werkstatt gerettet. Er mietet nun einen Raum und stellt auf, was er hat, alles ist klein und eng. 1932 sind die Verhältnisse unsicher. „Je schlechter die Zeiten, umso mehr muss man sich rühren“, denkt er. Seinen neuen Betrieb nennt er selbstbewusst „Max Weishaupt, Maschinenfabrik, Schwendi“.

Neuanfang in schwieriger Phase

Max Weishaupt beginnt erst einmal da, wo er aufgehört hat: Er macht Schmieden und Gebläse. Die alten Kunden kommen langsam wieder. Er stellt einen Gesellen und einen Lehrling ein. Von 1936 an bessert sich die Auftragslage zusehends. Staat und Industrie bestellen. Auf der Kundenliste stehen nun große Namen wie Magirus und Hahn & Kolb.

Max Weishaupt legt 1937, mit 29 Jahren, seine Prüfung zum Maschinenbaumeister erfolgreich ab. Auf sein Handwerk ist er zeit seines Lebens stolz, auch noch als Industrieller. Er weiß, wo er herkommt. Und wo er hin will.

Auch privat findet Max Weishaupt sein Glück. Am 1. Mai 1938 heiratet er seine Sofie. „Es ist eine kleine, aber fröhliche Hochzeitsgesellschaft gewesen“, notiert Max Weishaupt später. Es ist nicht die Zeit für große Sprünge. Brautvater ist der Friseurmeister Kiesle aus Schwendi. Der Coiffeur hofft, Max würde einmal seinen Salon über-

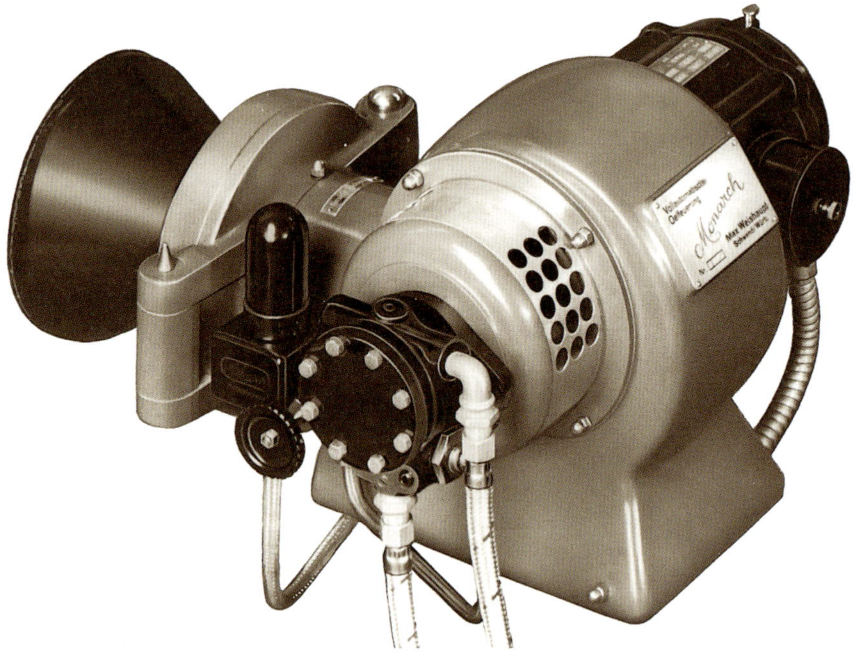

Der Ölbrenner „Monarch" markiert den Start des Brennerbaus im Jahr 1952.

nehmen. Doch Max Weishaupt ist, das steht mal fest, für anderes berufen.

Knapp ein Jahr nach der Eheschließung, am 20. Februar 1939, kommt der erste Sohn Siegfried zur Welt. Um es vorweg zu nehmen: Er wird einmal das Unternehmen führen. Später werden Herbert 1941 und Maximilian 1949 geboren. Maximilian Weishaupt ist heute erfolgreicher Architekt in München. Herbert stirbt tragisch im Alter von nur 33 Jahren an schwerer Diabetes. Ein Schicksalsschlag für die Weishaupts.

Auf ins Allgäu: Zur Pflege des Arbeitsklimas lädt Max Weishaupt 1957 zum Betriebsausflug ein.

Krieg und Stunde Null

Der Zweite Weltkrieg zerstört die Träume vieler Männer. Max Weishaupt hat noch Glück, er muss nicht an die Front. Sein Betrieb gilt als „militärisch wichtig". So übersteht die Werkstatt die schwere Zeit. Doch viel ist nicht von dieser dunklen Phase überliefert. Schwendi ist zwar weit weg vom Weltgeschehen. Aber 1945 wird in den Wäldern gekämpft. Max Weishaupt und andere Bürger des Ortes werden als Geiseln genommen.

Als der Schrecken beendet ist, muss Weishaupt abermals von vorn anfangen. Wieder schlägt er ein neues Kapitel seines Lebens auf, wieder ist er buchstäblich seines Glückes Schmied. Zunächst baut er erneut Feldschmieden und auch kleine Gebläse. Weil viele Teile auf dem Markt fehlen, beschließt er, alles selbst zu machen und baut - noch auf bescheidene Art - Motoren. Doch Nachfrage herrscht kaum. Erst mit der Währungsreform 1948 bessert sich die Lage. Weiter sucht er nach Geschäftschancen, die seiner Werkstatt den nötigen Auftrieb geben.

Und jetzt passiert Entscheidendes: 1951 hört er, in der Schweiz würden kleine „Heizgeräte" gebaut, die durch Elektromotoren betrieben werden. Vielleicht kann er dahin Motoren verkaufen! Auf Umwegen kommt er an die Adresse eines Jakob Meier aus Zürich und trifft sich mit ihm. Meier erzählt, er suche einen Lizenznehmer für seine Ölbrenner im Ausland. Weishaupt wird hellhörig. Das wäre was für ihn, auch wenn größere Wettbewerber sicher bessere Karten haben. Jetzt heißt es: dranbleiben, überzeugen, nicht lockerlassen. Am Schluss – nach langwierigen Verhandlungen – ist Meier überzeugt. Im Juni 1951 schließen Weishaupt und Meier einen Lizenzvertrag ab, mit dem Weishaupt im Nachkriegsdeutschland die so dringend benötigten Brenner bauen darf. Am 31. Juli 1951 erlässt das deutsche Patentamt das „Patent 920976“ unter dem Stichwort „Ölbrenner“. Für die Firmengeschichte ist das ein historischer Moment: Dieses Patent und die Lizenz sind die Grundlage für die eigene Brennerproduktion. Es ist der Schritt vom Handwerksbetrieb zur Produktionsfabrik, der Beginn des eigentlichen Unternehmens.

Und als Unternehmer ist Max Weishaupt ganz Schwabe. Er sieht die Möglichkeit eines Geschäfts, doch geht er nie zu viel Risiko ein. Er will den Erfolg, aber nicht um jeden Preis. Er ist auf Wachstum geeicht, doch nur gesundes Wachstum ist für ihn relevant. „Es ging für ihn darum, das Erreichte nicht in Gefahr zu bringen, sein wirtschaftliches Handeln war geprägt von den schwierigen und entbehrungsreichen Nachkriegsjahren“, sagt Siegfried Weishaupt über seinen Vater.

Der Aufstieg des „Monarchen“

Den Ölbrenner nennen die Schweizer stolz „Monarch“. Er kommt 1952 auf den Markt und wird ein durchschlagender Erfolg. Weishaupt fertigt den Brenner noch in Lizenz, doch er wird sofort mit einem eigenen Elektromotor und einem selbst entwickelten Steuergerät ausgestattet. Nach einem Jahr sind bereits einige hundert abgesetzt, der „Monarch“ wird der meistverkaufte Brenner der 1950er-Jahre. Ein Dauerbrenner. Weishaupt leitet damit auch das Ende der schmutzigen und mühseligen Kohlefeuerung in Deutschlands Kellern und Stuben ein.

Dem „königlichen“ Feuerspeier folgen schnell eigene Konstruktionen für alle möglichen Anwendungen. Die Produktpalette wird breiter: Orgelgebläse oder Hochdruckventilatoren gehören dazu. Doch der Ölbrenner ist für lange Zeit das Maß aller Dinge.

Jetzt braucht Max Weishaupt mehr Platz und mehr Personal. Das gerade bezogene Gebäude im Ortskern hinter dem Gasthaus „Zum Hirschen“ – heute das Rathaus – ist schon wieder zu klein. Da trifft es sich, dass am Ortsausgang Bauland erschlossen wird. 1957 errichtet er dort seine Stätten – und dort sitzt das Unternehmen noch heute. Zum 25. Firmenjubiläum ist Weishaupt der größte

„Monarch-Ölbrenner erobern sich Europa“ lautet 1958 der Slogan für die meistverkaufte Ölfeuerung.

Eröffnung des firmeneigenen Forschungs- und Entwicklungsinstituts im Jahr 1962.

Porträt Max Weishaupts von Andy Warhol von 1979.

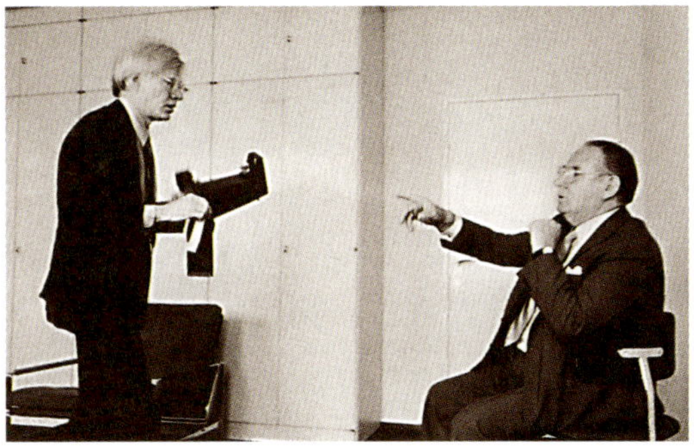

Andy Warhol 1979 zu Besuch bei Max Weishaupt.

Industriebetrieb des Rottals. Gleich neben das Firmengebäude setzt Max Weishaupt sein Haus. Sofie Weishaupt nutzt die Fläche dazwischen, um Gemüse, Blumen und Korn anzubauen; sogar Hühner hat sie.

Das Personal muss sich die schnellwachsende Firma selbst heranziehen. Die eigene Ausbildung der Fachkräfte wird zu einem Vermögen des Unternehmens. Auch im Ausland expandiert Weishaupt, er baut das Vertriebsnetz mit Tempo aus. 1960 nimmt in Paris mit der „Monarch France" die erste Auslandstochter ihre Arbeit auf.

Max Weishaupts „Frei-Zeit", wenn es denn das Wort für die Unternehmer dieser Generation überhaupt gibt, ist knapp bemessen. Er nutzt die wenigen Stunden für die Familie. Zu Hause kann er mal abschalten. Sofie ist Halt und Rückhalt der Familie.

Das ist Kunst!

Weishaupt ist kunstsinnig. In seinem Haus und in der Firma hängen Kunstobjekte, die „Teil der kreativen Ordnung Weishaupts" sind, wie Firmenbiograf Max Baumann schreibt. Der Picasso in seinem Arbeitszimmer zu Hause ist mehr als bloße Dekoration. 1979 lässt er sich vom Pop-Art-Künstler Andy Warhol porträtieren, das Porträt hängt heute im „Weishaupt Forum" auf dem Firmengelände.

Sein Kunstverständnis zeigt sich auch bei den eigenen Produkten. Weishaupt setzt früh auf Industriedesign und verbündet sich mit der Ulmer Hochschule für Gestaltung. Die erste Brennergeneration „W1" wird von den Designern Hans Gugelot und Hans Sukopp gestaltet. Ein Gerät hängt heute im Münchner Museum für Angewandte Kunst. Auch die Wort-Bild-Marke „– weishaupt –" mit den zwei markanten Gedankenstrichen, entworfen 1964 vom Zürcher Grafiker Josef Müller-Brockmann, ist noch immer „State of the Art". Inspiriert ist vieles bei Weishaupt vom Bauhaus.

Stetiges Weitergehen

Die Firma bleibt nie stehen. 1961 folgt die Entwicklung des Überdruck-Brenners, kurz U-Brenner, ein völlig neues Konzept mit hohem Gebläsedruck. Er wird später der „Rolls Royce unter den U-Brennern" genannt. 1962 dann der große Einstieg ins Gasbrennergeschäft. Weishaupt bringt seinen ersten Gasbrenner „WG1" mit Gebläse auf den Markt. Eine neue Ära des Unternehmens beginnt: Von da an lodert bei Weishaupt neben der

1978: Max Weishaupt im Gespräch mit seinem ältesten Sohn Siegfried.

gelblichen Ölflamme auch die blaue Erdgasflamme – und das bis heute.

Im Betrieb gilt Max Weishaupts Maxime, nur das zu machen, was man mit Bestimmtheit gut machen kann. Und mit Gasbrennern schaffen sie es. Anderes lässt er dafür bleiben. Er macht keine riskanten Ausflüge in fremde Gefilde. „Das meiste habe ich mit dem gemacht, was ich nicht gemacht habe", sagt Max Weishaupt einmal. Das Kerngeschäft spielt die Hauptrolle. Weishaupt wächst und wächst. Anfang der 1960er-Jahre sind 400 Mitarbeiter in Schwendi beschäftigt. Das Unternehmen vollzieht ob der neuen Größe die Umfirmierung von der Personengesellschaft zu einer GmbH: „Max Weishaupt Schwendi GmbH" heißt die Firma jetzt. 1962 wird die 30-Millionen-D-Mark-Umsatzhürde geknackt. Das „Deutsche Volksblatt" titelt im gleichen Jahr: „Von der Werkstatt zur Weltfirma".

Max Weishaupt geht auf die Sechzig zu und bereitet langsam seine Nachfolge vor. 1965 kommt sein Sohn Siegfried in die Firma. Auf dem jungen Diplomingenieur ruhen die Hoffnungen des Vaters. Siegfried Weishaupt arbeitet sich in die Tiefen der Firma ein, um sie einmal führen zu können. Mehr und mehr teilen sie sich in den Folgejahren die Aufgaben.

Forschen für die Umwelt

Wissen ist für Max Weishaupt ein entscheidender Wettbewerbsvorteil. Schon seit den 1960er-Jahren arbeiten seine Leute an der Optimierung der Brenner. Eine Besonderheit ist das eigene Forschungs- und Entwicklungsinstitut, das 1962 offiziell eingeweiht wird. In einer Zeit, in der das Wort Umweltschutz in der Industrie noch nicht wirklich existiert, forschen Weishaupt-Mitarbeiter schon für mehr Klimaschutz. Max Weishaupt will wissen, was passiert, wenn Abgase durch den Kamin gehen. Er erkennt: je vollständiger ein Brenner Gas und Öl verbrennt, desto weniger Schadstoffe gehen in die Luft. Das muss die Stoßrichtung für seine Produkte sein! Die Brenner werden nun auf Effizienz getrimmt, die Technik wird umweltfreundlicher. Weniger Stickoxid („saurer Regen") und geringerer Energiebedarf sind Max Weishaupt wichtig. Saubere Technologie ist sein Ziel. Sein neues Institut lässt sich Max Weishaupt einiges kosten, das Gebäude ist recht groß dimensioniert. „Mein Vater hat früh erkannt, dass die Feuerungstechnik in Richtung Energieeffizienz und Schadstoffminimierung gehen wird, viel früher als andere", erinnert sich Siegfried Weishaupt.

Weishaupt wirbt in Tageszeitungen für sich mit dem Werbeslogan: „Energiesparen

Max Weishaupt vor seinem Wohnhaus...

...und in seinem Büro.

Bundeskanzler Ludwig Erhard besucht den Weishaupt-Stand auf der Hannover Messe 1966.

Mit der Weishaupt Thermo Unit gelingt 1989 der Einstieg in den Kesselbau.

interessiert uns brennend". In der damaligen Energiekrise treffen die Oberschwaben damit den Nerv der Zeit. Was für seine Produkte gilt, soll auch für die eigene Produktion gelten. Weishaupt investiert in umweltgerechte Anlagen, alle Abgase und Abwasser verlassen das Werk so gefiltert und gereinigt, dass die oberschwäbische Natur ringsum keinen Schaden nimmt.

Glückliches Schwendi

Max Weishaupt ist für Schwendi ein einziger Glücksfall. Allein die Gewerbesteuer macht den Ort schon wohlhabend. Doch da ist noch mehr: Max Weishaupt bringt sich ein, ist im Gemeinderat tätig, wird zweiter Bürgermeister. Er setzt die Realschule im Ort durch, damit die Kinder eine gute Bildung erfahren. Die Schule ist nach ihm benannt. Er sorgt dafür, dass das spätmittelalterliche Pfarrhaus nicht abgerissen wird. Heute ist es ein Kleinod. Bereits in den 1950er-Jahren lässt er ein wunderschönes Kino bauen, das noch heute gepflegt wird und in dem ab und an Veranstaltungen stattfinden. Max Weishaupt ist mit Leib und Seele Oberschwabe und will seine Region nach vorn bringen. Das widerspricht nicht seiner internationalen Expansion, wenn man sein Motto kennt: „Die Heimat im Herzen, die Welt im Blick."

Als Unternehmer ist Max Weishaupt Chef durch und durch. Die Verantwortung ist zu groß, um die Zügel schleifen zu lassen. In der Firma und auf dem Gelände hat rigorose Ordnung zu herrschen. Unordnung lässt der Chef nicht gelten. Tugenden wie Sauberkeit, Pünktlichkeit und Präzision hält er hoch. Max Weishaupts Schreibtisch ist immer tiptop. Er ist korrekt bis aufs Wort und sorgfältig bis zur letzten Büroklammer. Noch heute sehen die blitzweißen Firmengebäude samt der akkurat geschnittenen Rasenflächen an der Max-Weishaupt-Straße aus wie eine Filmkulisse.

Weishaupt ist inzwischen ein großer Name. Zu Einweihungen, Messen und anderen Anlässen kommen sie alle: Ministerpräsident Erwin Teufel schwärmt in einer Laudatio zum 70. Firmenjubiläum vom „umsichtigen Unternehmer" Weishaupt. Bundeskanzler Ludwig

Erhard lässt sich auf dem Weishaupt-Stand auf der Hannover Messe die neuesten Brenner erklären. Auszeichnungen erhält Weishaupt reichlich: das Verdienstkreuz Erster Klasse der Bundesrepublik Deutschland, der Orden vom Heiligen Papst Silvester, dann das große Verdienstkreuz der Bundesrepublik. Max Weishaupt ist auch „der Senator", seitdem ihm die Universität Tübingen die Ehrensenatorwürde verliehen hat. So nennen ihn die Mitarbeiter von da an gern unter sich.

Doch eigentlich ist ihm das alles nicht so wichtig. Das Elitäre schmeckt ihm nicht. Wahrscheinlich ist ihm im Geheimen nur eine Ehre wirklich etwas wert: „Ehrenbürger der Gemeinde Schwendi".

Am 18. August 1982 stirbt Max Weishaupt im Alter von 73 Jahren. Er wird in Schwendi beerdigt. Zum Zeitpunkt des Todes macht das Unternehmen 220 Millionen D-Mark Umsatz und beschäftigt rund 1900 Mitarbeiter. Es ist nur ein Jahr, bevor das Unternehmen den zweimillionsten Brenner ausliefert. Er hätte es gern miterlebt.

Stararchitekt Richard Meier in Schwendi: Weishaupt Forum auf dem Firmengelände.

Weishaupt im 21. Jahrhundert

Der Firmengründer würde sich wundern, sähe er, was aus seinem Betrieb geworden ist. Max Weishaupts Brenner haben nichts mehr gemein mit den Produkten der Max Weishaupt GmbH im 21. Jahrhundert. Auch wenn sie der Ursprung sind, hat sich der Markt völlig verändert. Heute geht es um maximale Wärmeerzeugung, um Umweltschutz und um Schadstoffminimierung. Die Produkte sind High-Tech. Der Nachfolger und geschäftsführende Gesellschafter Siegfried Weishaupt hat das Unternehmen in den vergangenen Jahren neu formiert und in drei Sparten gegliedert: Energie-Technik (Brenner, Heizsysteme, Wärmepumpen), Energie-Management (Gebäudeautomation), Energie-Gewinnung (Geothermie). Mit diesem Dreiklang hat sich Weishaupt vom eindimensionalen Hersteller zu einem Systemanbieter gewandelt.

Das Wachstum gibt dem Unternehmen Recht. Weishaupt macht inzwischen mehr als eine halbe Milliarde Euro Umsatz und gehört damit zu den Weltmarktführern in der Feuerungstechnik.

Doch die Tradition im Hause ist nicht passé. Die Max Weishaupt GmbH agiert trotz ihrer Größe unbeirrt wie ein gesunder Mittelständler. Und sogar die Leidenschaft für die Kunst ist da wie eh und je: Mäzen Siegfried Weishaupt hat mit seiner Kunstsammlung und dem Bau der Kunsthalle Weishaupt in Ulm Furore gemacht. Sinnbild für das Kunstverständnis ist auch das „Weishaupt Forum" auf dem Werksgelände. Ein schneeweißes Artefakt, gebaut vom New Yorker Stararchitekten Richard Meier, inmitten des kleinen Oberschwaben. Selbst die US-Zeitung „Herald Tribune" berichtete groß.

Und die dritte Generation ist auch schon an Bord: Siegfried Weishaupts Sohn Thomas ist derzeit Leiter des Auslandsvertriebs und bereitet sich auf Größeres vor. Die Familie hält das Heft weiter in der Hand. An der Eigenständigkeit der Firma wird nicht gerüttelt.

Zur 850-Jahr-Feier Schwendis brachte Max Weishaupt einmal sein Denken in knappen Worten auf den Punkt: „850 Jahre Wachsen eines Gemeinwesens sind eine lange Zeit, gemessen an einem einzelnen Menschenleben. Generationen kamen, haben ihre Aufgaben erfüllt und sind wieder verschwunden. Geblieben ist ihre Leistung." Das gilt auch für ihn selbst.

Erste bis dritte Generation: Siegfried Weishaupt mit seinem Sohn Thomas, im Hintergrund das Warhol-Porträt Max Weishaupts.

Alfred Kärcher

geboren am 27. März 1901 in Bad Cannstatt
gestorben am 17. September 1959 in Winnenden

Wer kärchert, macht kräftig sauber

Im Matrosenanzug: Alfred Kärcher mit seinen Schwestern Else, Hedwig und Barbara (von links).

Es gibt nicht viele Wirtschaftspioniere, aus deren Nachnamen ein geflügeltes Wort entstanden ist. „Kärchern" ist da eine Ausnahme. Der Name des Erfinders Alfred Kärcher ist längst zum Inbegriff des Hochdruckreinigens geworden. Wer „kärchert", der macht kräftig sauber. Sogar international kennt man den Ausdruck: Im Juni 2005 verwendete der damalige französische Innenminister Nicolas Sarkozy das Wort, um gegen Jugendkriminalität Front zu machen. Man müsse die Pariser Vororte „mit dem Kärcher reinigen" („nettoyer au karcher").

Alfred Kärcher hat seinen berühmten Namen aber vor allem, weil er zweifellos ein klassischer Erfinder-Unternehmer ist. Er wollte alle möglichen Produkte verbessern, er wollte erfinden, er war immer auf der Suche. Alfred Kärcher war getrieben vom Drang nach Innovationen. So sehr, dass ihn diese stete Rastlosigkeit gesundheitlich ruinierte: Noch bevor sein Hochdruckreiniger den internationalen Durchbruch hatte, starb Alfred Kärcher im Alter von nur 58 Jahren. Sein Sohn Johannes Kärcher sagt über ihn: „Er war wie eine Kerze, die an beiden Seiten angezündet war. Ein sich selbst verzehrender Mensch, der dabei ungeheuer produktiv war und Ideen, Entwicklungen, Patente produziert hat."

Es zischt und dampft

Zu Beginn des Jahrhunderts herrscht in Wissenschaft und Forschung eine euphorische Aufbruchstimmung. In dieser Zeit, im Jahr 1901, kommt Alfred Kärcher in Bad Cannstatt bei Stuttgart zur Welt. Der Vater Emil ist Kaufmann, die Mutter Johanna macht den Haushalt. Alfred wächst wohlbehütet in einem Bürgerhaus in vornehmer Gegend auf. In der Straße der Kärchers soll der König persönlich seine Hunde spazieren geführt haben. Das Familienleben – Alfred hat noch drei Schwestern – ist pietistisch-protestantisch geprägt, soziale Belange zählen in dem religiösen Haushalt viel. Der Knabe trägt Matrosenanzug.

Alfred Kärcher interessieren neben der Bibel aber schnell andere Dinge. Er ist überall da, wo es dampft, zischt, brennt. Feuer und Hitze sind sein Element. Die Küche wird für den kleinen Alfred zum Mittelpunkt der Welt. Fasziniert beobachtet er, was Mama mit dem Ofen und den Gerätschaften anstellt. Er experimentiert, und wenn dabei etwas explodiert – umso besser! Im Rückblick scheint es geradezu vorbestimmt, dass Alfred Kärcher einmal etwas mit Hitze, Heizen und Heißwasser erfinden wird.

Alfred Kärcher wächst zum jungen, selbstbewussten Mann heran. Er will Ingenieur werden. Seiner Veranlagung entsprechend geht er auf die Technische Hochschule in Stuttgart.

Das Familienunternehmen Kärcher in Winnenden heute.

Alfred Kärcher als Verbindungsstudent mit Mütze und Bändel der Stuttgarter Burschenschaft Alemannia.

Mit seinem Diplom als Ingenieur und Maschinenbauer feiert er 1924 als 23-Jähriger seinen Abschluss und steigt wie geplant in das kaufmännische Vertretungsbüro des Vaters ein, um Großkoch-, Wäscherei- und Wassergewinnungsanlagen zu planen und zu verkaufen. Die Weimarer Zeiten sind politisch und wirtschaftlich nicht einfach, doch Kärcher boxt sich durch.

Dem Sohn reicht das aber nicht. Alfred Kärcher will entwickeln und bauen, und nicht bloß einrichten und verkaufen. Alfred Kärcher sprüht vor Ideen, sein Erfindergeist ist bereits auf Betriebstemperatur. In diesem Sinne baut er die Firma in den folgenden Jahren immer weiter um. Denn er spürt, dass er sich selbstständig machen muss. Im Stuttgart-Bad Cannstatter Amtsgericht lässt er am 2. Januar 1935 die „Alfred Kärcher Kommanditgesellschaft“ eintragen, der Vater ist bis zu seinem Tode Partner.

Kärcher spezialisiert sich zunächst auf die Konstruktion von Großtauchheizkörpern, die man zum Härten von Leichtmetall verwendet. Viele Versuche gehen dem voraus, bis es endlich klappt – mit dem „Kärcher-Salzbadofen“. Er gilt als kleine Revolution. Der Erfolg am Markt stellt sich auch prompt ein. Als aber die Kapazitäten nicht mehr ausreichen, verkauft Alfred Kärcher die Lizenz zum Bau der Salzbadöfen an die Siebert GmbH, eine Tochter des Chemiekonzerns Degussa in Frankfurt am Main. An der Erfindung soll Alfred Kärcher ohnehin nicht mehr viel Spaß gehabt haben. Denn sie war ausgereift – er konnte daran nicht mehr herumtüfteln.

Mit solchen Erfindungen macht Alfred Kärcher auch andere auf sich aufmerksam – die Lufthansa meldet sich. Die Fluggesellschaft ist auf der Suche nach einem Gerät zum Anheizen ihrer Flugzeugmotoren im Winter. Kärcher braucht zwei Jahre, um das Gerät bis zur Serienreife zu entwickeln. Es wird ein voller Erfolg, und der Betrieb wächst weiter. Alfred Kärcher bleibt dabei seiner Leidenschaft für alles Heiße und Dampfende treu.

Aufbruch in Winnenden

1939 zieht Alfred Kärcher mit seiner kompletten Firma nach Winnenden um. Der Arzneimittelhersteller Thomae hat ein großes, leer stehendes Industriegelände zum Verkauf angeboten. Und Kärcher hat das Geld vom Lizenz-Verkauf an Siebert noch auf der hohen Kante. Im Lauf der Zeit und im Gleichklang mit dem wirtschaftlichen Erfolg entwickelt sich der Winnender Sitz zu einem großen Werksgelände mit Straßen und Gebäuden. Kärcher will immer nah am Geschehen sein und lebt ebenfalls mit allem Hab und Gut auf dem Gelände. So kann er zu jeder Zeit mit den Meistern fachsimpeln,

Vor einem Mercedes Typ 170 V.

über Ideen debattieren und zu jeder Tages- und Nachtzeit Versuche machen. Natürlich spart er mit dem Häuschen auf dem Werksgelände auch Geld. Da ist er ganz Schwabe.

Alfred Kärchers technisches Genie zeigt sich schnell. Er baut Anwärmgeräte, Kabinenheizungen und Verneblerdüsen für Mercedes-Benz-Motoren. Immer fällt ihm etwas Neues ein. Immer liegen Block und Bleistift auf seinem Nachttisch, damit er seine Gedanken jederzeit sofort aufschreiben kann. Der Frühaufsteher fängt morgens um fünf Uhr noch im Bett an, sich Notizen zu machen. Für ihn sind die Morgenstunden so heilig, dass er auch seinen Konstrukteuren das Telefonieren zu dieser frühen Tageszeit untersagt. Da sollen sie ausschließlich kreativ sein und durch nichts gestört werden. Immer spukt die Frage in Kärchers Kopf herum: Was kann ich besser machen? Ein Mitarbeiter erzählt: „Wenn Alfred Kärcher in seinem Element war, wenn es um Versuche ging, dann war Highlife. Der Mann war nicht zu bremsen."

Er ist eine kantige Persönlichkeit, schnittig, auch eigenwillig und impulsiv. Zu seinen Mitarbeitern hat er ein gutes Verhältnis, man hält zusammen. Kärcher kümmert sich um die Ausbildung der Lehrlinge und die Befindlichkeit der Meister. Der ganz hart rechnende, gewinnmaximierende Firmenchef ist er denn doch nicht – er ist immer mehr Erfinder als Kaufmann.

Die dunkle Phase

1933 ist in Deutschland aber plötzlich nichts mehr wie es war. Nach der Machtergreifung der Nationalsozialisten muss sich Alfred Kärcher überlegen, wie es weitergeht. Nach und nach verliert er im eigenen Unternehmen seine Unabhängigkeit. Alfred Kärcher wird vom NS-Regime zum Wehrwirtschaftsführer ernannt. Er passt sich an. Die Firma Kärcher ist fortan Rüstungsbetrieb. Es ist die Zeit der Kriegswirtschaft. Deutsche Firmen steigern ihre Umsätze vor allem wegen der jahrelangen Mobilmachung des Dritten Reichs. Kärcher stellt her, was die Wehrmacht verlangt. Zum eigenen Trost sagt er später einmal, dass er zumindest nie etwas entwickelt habe, mit dem man töten oder zerstören konnte. Auf diese Zeit ist Kärcher sicher nicht stolz. Er versucht, so gut wie möglich die Firma, die Mitarbeiter und sich durchzubringen. Im Mai 1945 ist sie aber vorbei, die dunkle Phase, ist Hitlers Irrsinn besiegt.

Alfred Kärcher steht bei Kriegsende vor dem Nichts. Er hat mit den Nazis kooperiert, seine Firma wird geschlossen. Doch überraschenderweise nicht für lange. Ein neuer Verwalter wird eingesetzt, der sich verständig zeigt. Er weiß: Die Menschen brauchen Produkte für den nötigsten Bedarf. Und Kärcher kann sie liefern.

Als junger Ingenieur.

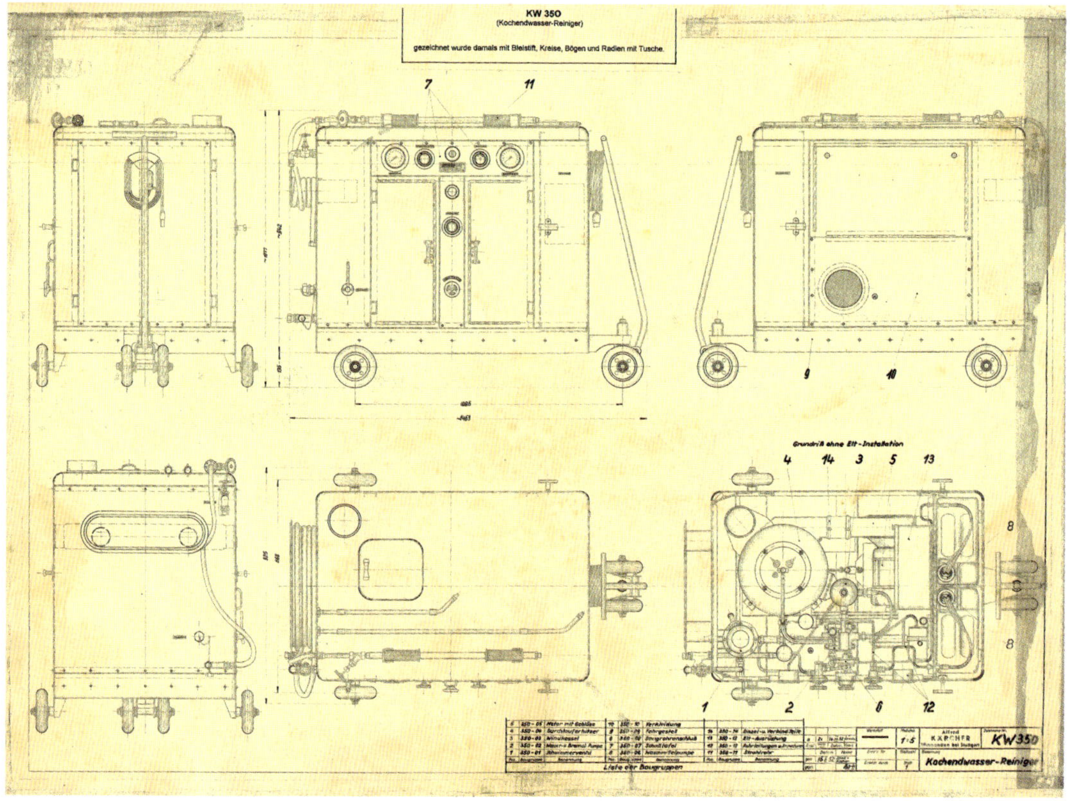

Baugruppenzeichnung des ersten europäischen Heißwasser-Hochdruckreinigers, genannt Kochendwasserreiniger KW 350 (später DS 350).

Starrkopf mit Empathie

So darf der Unternehmer weitermachen. 40 Mitarbeiter stehen am nächsten Morgen bereit. Kärcher überlegt: „Der nächste Winter wird vielleicht hart, die Frierenden brauchen es warm. Wir machen aus Kartuschen Rundöfen, und wir machen aus Bomben Schweißapparate!" In der Folge baut Kärcher Ofenkocher, Kleinherde, Handkarren, sogar einen Imkerwagen. Bei der Produktion von Anhängern arbeitet er mit Friedrich Hahn zusammen, ein einstiger Mitarbeiter von Gottlieb Daimler, der sich später in der Stuttgarter Region als VW-Händler einen Namen macht.

Es sind Zeiten, die Kärcher auch menschlich nicht kalt lassen. Er sei ein Starrkopf gewesen, sagt ein Weggefährte aus der Firma heute über ihn, aber er habe die Menschlichkeit darüber nicht vergessen. Um in der schweren Nachkriegszeit seine Beschäftigten bezahlen zu können, verkauft Alfred Kärcher manchmal noch am Freitagvormittag schnell Holz oder Metall, damit er am Nachmittag des gleichen Tages den Leuten ihre Lohntüte geben kann.

Die Idee seines Lebens

1948 steht ihm das Geschäftsglück zur Seite. Die Amerikaner in Deutschland suchen nach einem findigen Tüftler, um ihren sogenannten „steam cleaner" in Stand zu setzen. Die alten Brenner der Amerikaner, mit denen Wagen und Panzer gereinigt werden, funktionieren nicht mehr ordentlich. Sie klopfen bei Alfred Kärcher an, der sich mittlerweile schon den Ruf eines Feuerteufels in der Region erworben hat.

Die Abwicklung dieses US-Auftrags bringt ihn auf die Idee seines Lebens: den Heißwasser-Hochdruckreiniger. Zwar erfindet er das Produkt nicht neu, das gibt es schon so ähnlich, aber er verbessert es erheblich. Er vereinfacht die Brenner-, Pumpen- und

Hier wird gekärchert: Reinigung von Fahrzeugen und Motoren, eine der ersten Anwendungen für den DS 350.

Sicherheitstechnik enorm und senkt die Betriebstemperatur unter den Siedepunkt. Der erste Heißwasser-Hochdruckreiniger ist geboren.

1950 schafft Alfred Kärcher mit seiner Erfindung des Kochendwasserreinigers KW 350 den Einstieg in den Reinigungsmarkt. Alfred Kärcher präsentiert die Innovation 1951 stolz auf der Hannover Messe. Doch bei den Kunden hält sich die Euphorie in Grenzen. Kaum einer erkennt das Neue an diesem Hochdruckreiniger. Kärcher ist verblüfft. Doch er gibt nicht auf. Er entwickelt das Produkt weiter und vervollkommnet es. Er baut verschiedene Leistungsstufen in das Gerät ein.

Der späte Erfolg gibt ihm Recht. Seit der Firmengründung hat das Unternehmen Kärcher bis heute 300 Patente angemeldet, darunter zahlreiche für Heißwasser-Hochdruckreiniger.

Das Werksgelände in den 1950er-Jahren: Alfred Kärcher übernahm die Gebäude einer ehemaligen chemisch-pharmazeutischen Fabrik in Winnenden.

Alfred Kärcher mit Sohn Johannes und Tochter Eva-Susanne. Alfred und Irene Kärcher mit einer Verwandten vor ihrem Mercedes Ponton 220.

Im Jahr 1949 heirateten Alfred Kärcher und Irene Herzog.

Spätes Glück

Alfred Kärcher ist lange Zeit ein Freund der Frauen. Der schneidige Junggeselle fährt gern mit seinem geliebten Mercedes übers Land und macht den Töchtern der Gastwirte den Hof – „nicht unerfolgreich", wie sein Sohn Johannes später in einem Unternehmensfilm über Alfred Kärchers Leben anmerken wird.

Doch bei einer Frau ist es anders. Alfred Kärcher sieht sie oft bei seinen Besuchen im Hause Daimler. Irene Herzog sitzt im Vorzimmer seines Kunden als Chefsekretärin. Kärcher fängt gleich Feuer, er flirtet, er legt sich richtig ins Zeug. Doch die Frau lässt ihn jedes Mal abblitzen. Als sie sich wieder einmal recht kratzbürstig gibt, schickt Alfred Kärcher ihr einen Karton mit dem Inhalt einer Drahtbürste – ohne weiteren Kommentar. Alfred Kärcher gewinnt letztlich den Kampf gegen die Kratzbürste. Der freiheitsliebende Unternehmer heiratet Irene und gründet eine Familie.

Die Kinder Johannes und Susanne werden geboren. Man wird heimisch auf dem Werksgelände. Alfred Kärcher schafft Schafe, Schweine und Enten an, dazwischen fährt der kleine Johannes mit seinem Dreirädle umher, das die Meister ihm jeden Tag neu schmieren.

Irene muss Alfred immer wieder zähmen. Sie macht sich Sorgen um ihren arbeitswütigen Mann. Er soll sich mehr Ruhe gönnen. Doch der Rastlose kann nicht rasten. Er ist ohne Unterlass auf der Jagd nach den Produkten von morgen. Neben der Produktion von Hochdruckreinigern hat er nun Dampferzeuger, tragbare Heizgeräte und Luftheizgeräte für Flugzeuge im Programm.

Posthumer Erfolg

Das alles findet in den 50er-Jahren des Wirtschaftswunders statt. Doch Alfred Kärcher bleibt nur wenig Zeit, privates Glück und geschäftlichen Erfolg zu leben. Er ist krank. Noch ein letztes Mal besucht er, schon gesundheitlich angeschlagen, die Hannover Messe. Er ist von lebenslangem Stress und zu viel Arbeit gezeichnet. Am 17. September 1959 erliegt Alfred Kärcher einem Herzinfarkt. Den globalen Erfolgszug seiner Erfindungen erlebt er somit nicht mehr. Trauer überschattet in diesen Wochen alles. Die Kinder sind erst neun und drei Jahre alt. Im Jahr seines Todes macht die Firma mit 256 Mitarbeitern einen Umsatz von 6,6 Millionen D-Mark.

Die Verantwortung, die nun auf der Witwe liegt, ist groß. Irene wächst in dieser Zeit über sich hinaus. Sie entwirft zusammen mit einer neuen Führungsmannschaft die Firmenstrategie. Kärcher diversifiziert, neue Produkte werden auf den Markt gebracht und weitere Absatzregionen angegangen. Die Firma Kärcher erkennt die neuen Zeiten, man eignet sich Marketing an, schaltet Werbung. Zudem

Im Rahmen seines Kultursponsoringprogramms reinigte ein Kärcher-Team im Jahr 2005 das Nationalmonument am Mount Rushmore in South Dakota (USA).

expandiert das Unternehmen 1962 über die deutschen Grenzen: Die erste Auslandsgesellschaft Kärchers ist Frankreich. Das Land mochte Alfred schon seit der Oberrealschule.

1974 konzentriert sich Kärcher nach einer Phase der Diversifikation auf die Hochdruckreinigung. Es erfolgt der Farbwechsel der Geräte von Blau auf das heute weltbekannte Kärcher-Gelb. 1980 weitet das Unternehmen sein Produktspektrum auf den Grundbedarf Reinigung aus, zunächst auf die Anwendungsgebiete Transport und Gebäude.

Als Irene 1989 stirbt, stehen die erwachsenen Kinder Johannes Kärcher und Susanne Zimmermann von Siefart bereit. Sie sind längst in die Firma integriert. Es obliegt nun ihnen, das Unternehmen als Gesellschafter im Sinne der Vaters weiterzuführen. Wie schon die Mutter finden sie die richtigen Unternehmer, um die Firma voranzubringen.

Heute steht in Winnenden in der Alfred-Kärcher-Straße 28–40 ein weltweit agierendes Unternehmen. Die Alfred Kärcher GmbH & Co. KG beschäftigt mehr als 9000 Mitarbeiter in 57 Ländern und erreichte im Jahr 2011 eine Umsatzmarke von 1,7 Milliarden Euro. Zudem behauptet sich Kärcher gut gegen aufkommende Wettbewerber aus Asien. Das Management setzt konsequent auf Innovationen, um stets besser sein zu können als die Rivalen.

Ohne Alfred Kärcher, seine Erfindungen und seine Art wäre all das nicht möglich gewesen. Eine ehemalige Mitarbeiterin fasst das Leben schlicht zusammen: „Er war a Schwob, a grober, aber mit Herz."

Blick in den Historienraum des Kärcher-Museums in Winnenden. Im Vordergrund der erste europäische Heißwasser-Hochdruckreiniger DS 350. Hinten stehen ein Sparherd, zwei Kanonenöfen sowie Spielzeug für Mitarbeiterkinder.

Blick in die Produktion in Winnenden.

Ein Hochdruckreiniger für den privaten Bedarf.

Heinrich Vollmer

geboren am 26. Juli 1885 in Altdorf
gestorben am 1. Juli 1961 in Biberach

„Hast du ein Ziel, so strebe ernst und still"

Die Familie Vollmer in Krumwälden bei Eislingen um 1905.

Firma Vollmer in Biberach 2012.

Ein erster, schneller Blick auf die Konstruktionszeichnung des berühmten Patents Nr. 225859 – Klasse 38a, Gruppe 14 – verrät bereits vieles: Wer so zeichnet und konstruiert, der muss Leidenschaft für Technik und einen ausgeprägten Hang zum Erfinden haben. Heinrich Vollmer ist immer beides gewesen: Konstrukteur und Erfinder. Dazu brauchte er kein Abitur und kein Studium; als „Selfmade"-Unternehmer brachte er es auch ohne Abschluss ganz weit. All seine ehrgeizigen Ziele, die er sich in seinem Leben setzte, erreichte Heinrich Vollmer – trotz vieler Höhen und Tiefen auf diesem Weg. Heinrich Vollmers Innovationen fürs Schärfen von Sägen und Werkzeugen haben ein Unternehmen begründet, das heute unter dem Namen Vollmer Werke weltweit aktiv ist und die Marktführerschaft für gleich mehrere Hightech-Segmente behauptet. Und nebenbei hat Heinrich Vollmer Weltbekanntheit als Waffenkonstrukteur erreicht.

Ein Musterschüler

Heinrich wird im Sommer 1885 als Sohn des schwäbischen Landwirts Johann Peter Vollmer und dessen Frau Christina in Altdorf bei Nürtingen geboren. Er ist der viertälteste Spross der Familie, insgesamt sorgen sechs Söhne und fünf Töchter für reichlich Leben im Haus. Der Vater betreibt nebenbei eine kleine Käserei. Heinrichs Mutter Christina führt einen kleinen Kaufladen für „Spezereien", also vornehmlich Lebensmittel. Der Haushalt ist protestantisch-fromm geprägt.

Schon in der Realschule zeigt sich Heinrichs Interesse für Zahlen und fürs Zeichnen. Er ist ein guter Schüler, er gilt unter seinen Brüdern als der Klügste. Einmal legt er sich bei der Feldarbeit mit einem Buch in die Ackerfurche, er liest lieber – es nimmt ihm niemand krumm.

Heinrich macht schon als ganz junger Kerl einen stattlichen Eindruck, er ist schlank und hoch aufgeschossen. Die Schule schließt der smarte Heinrich mit Bravour ab. Danach folgt die Lehre – für ein Studium ist das Geld nicht da. Vollmer macht seine Ausbildung bei der aufstrebenden Pressenfabrik Schuler in Göppingen. Sonntags besucht Heinrich die Fortbildungsschule, dort verbessert er seine Kenntnisse in Mathematik. Mit Abschluss der Lehre ist Heinrich Vollmer Konstruktionszeichner.

Nächte am Reißbrett

Seine erste richtige Stelle nach der Lehre tritt Heinrich Vollmer ebenfalls bei Schuler an. Allerdings wechselt der junge Konstrukteur schon nach kurzer Zeit nach Pforzheim zur Maschinenfabrik Hamm & Dürr. Er ist wissensdurstig und will mehr erfahren,

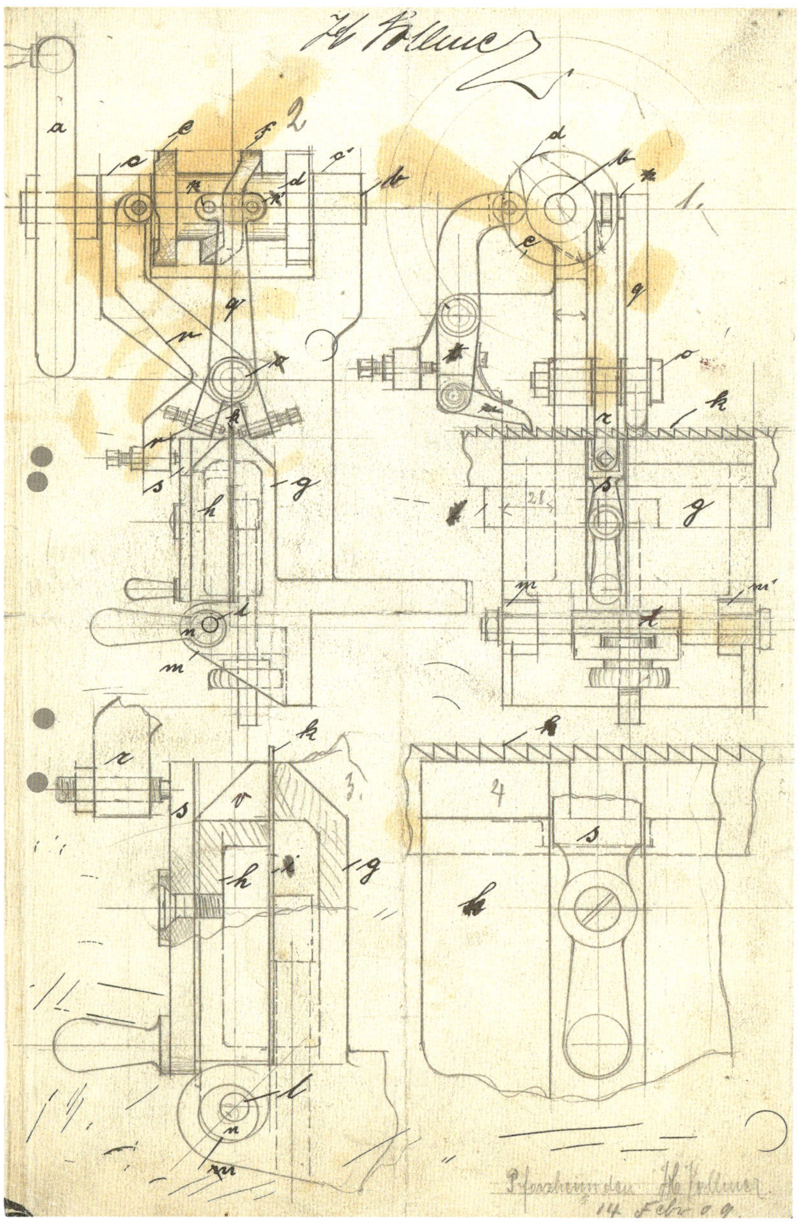

Konstruktionszeichnung des ersten Entwurfs der Sägenschränkmaschine von Heinrich Vollmer vom Februar 1909.

mehr sehen, mehr kennenlernen. Hamm & Dürr produziert Maschinen für die industrielle Schmuckfertigung, vor allem für Armbänder.

In Pforzheim bleibt sein Talent nicht verborgen. Heinrich Vollmer macht schnell auf sich aufmerksam und erreicht wegweisende Verbesserungen in der Produktion von Hamm & Dürr. Bei seiner Arbeit im Werk fällt ihm etwas auf: Die Schreiner verbringen oft Stunden am Tag mit dem Schärfen ihrer meterlangen Sägen. Die Plackerei ist nicht schön anzusehen und vor allem ineffizient. Vertane Zeit. In seiner Freizeit tüftelt der junge Mann daran, wie das Sägenschärfen und das Sägenschränken erleichtert werden könnten. Es ist die Zeit der Mechanisierung, und was liegt näher, als endlich eine Werkzeugmaschine dafür zu erfinden? So verbringt Heinrich Vollmer manche Nacht am Reißbrett, um eine Lösung zu finden.

Und die mühsame Arbeit lohnt sich: Wir schreiben 1908, als er eine kleine Maschine zum Schränken – also dem wechselseitigen Auseinanderbiegen der Bandsägenzähne – erfindet. Seine Vorrichtung hat Kurbelantrieb und wird an der Werkbank festgeklemmt.

Der 16. Februar 1909 soll ein großer Tag für Heinrich Vollmer werden: Er meldet die Idee zum Patent an. Doch da erfährt er plötzlich auf dem Amt, dass es in den USA und in England schon etwas ganz Ähnliches gibt; das Patent wird ihm verwehrt. Er ist geknickt. Der Frust darüber währt allerdings nur kurz, er gibt nicht auf und legt Widerspruch beim Kaiserlichen Patentamt in Berlin ein. Gleichzeitig erweitert er seine Konstruktion, um zusätzlich Überzeugungsarbeit gegenüber den Behörden zu leisten.

Heinrich Vollmer wartet die Entscheidung aus Berlin gar nicht erst ab. Er verlässt Hamm & Dürr, um sich selbstständig zu machen. Auch das Angebot der Firma über eine lukrative Teilhaberschaft kann Heinrich Vollmer nicht umstimmen, im Gegenteil: „Wenn mir Hamm & Dürr so viel Zutrauen entgegenbringt, dann scheine ich etwas zu können. Dann kann ich es auch allein schaffen", sagt Heinrich Vollmer später einmal zu seinem Sohn Udo.

Heinrich Vollmer ist bei Firmengründung zwar gerade einmal 20 Jahre alt. Doch den Bauernsohn treibt schon lange der Traum an, ein richtiger Unternehmer zu werden. Jetzt braucht er Platz. Vollmers Blick richtet sich auf Ebingen im Zollernalbkreis, dort mietet er ein Gebäude der ehemaligen Schreinerei und Wagnerei Christoph Roller in der Sonnenstraße an. Er gründet gemeinsam mit seinem Kompagnon Carl Mayer, einem Monteur und Vertriebsmanager, die Firma „Mayer & Vollmer Maschinenbau und mechanische Werkstätte Ebingen". Im Mai 1909 – nach einer Überarbeitung der Konstruktion – kommt auch endlich die ersehnte Patentschrift aus Berlin. Vollmer kratzt seine ganzen Ersparnisse zusammen, leiht sich Startkapital von der Mutter – und legt los. Er beginnt mit der Produktion von Sägenschränkmaschinen vornehmlich für Holzverarbeitungsbetriebe. Sechs Mitarbeiter hat er nach kurzer Zeit. Sein Produkt heißt „Aa Ideal". 3000 Exemplare wird er davon insgesamt bauen. Das ist mehr als ein sattsam gelungener Start. Es ist der Anfang des späteren Weltunternehmens.

Umzug an die Riß

Heinrich Vollmer lässt keine Zeit verstreichen. Er nimmt bei seiner Mutter einen weiteren Kredit von 1000 Reichsmark auf. Er will investieren und erweitern. Noch im selben Jahr, im November 1909, hält er die zweite Patenturkunde in Händen. Die Sägenfeilmaschine mit der Typenbezeichnung Ba kommt auf den Markt. Die Typenschlüssel A und B werden noch heute bei Vollmer verwendet.

Der Jungunternehmer Vollmer macht was her: gepflegte Frisur, gepflegter Schnurrbart, Zwicker. Seine Erscheinung ist ihm wichtig. Unter Mitarbeitern gilt er mitunter als „Draufgänger". Wie er selbst, so hat auch seine Firma ein adrettes Erscheinungsbild. Ein schickes Logo hat die Firma auch schon, mit Zirkel und Zahnrad in rotem Kreis.

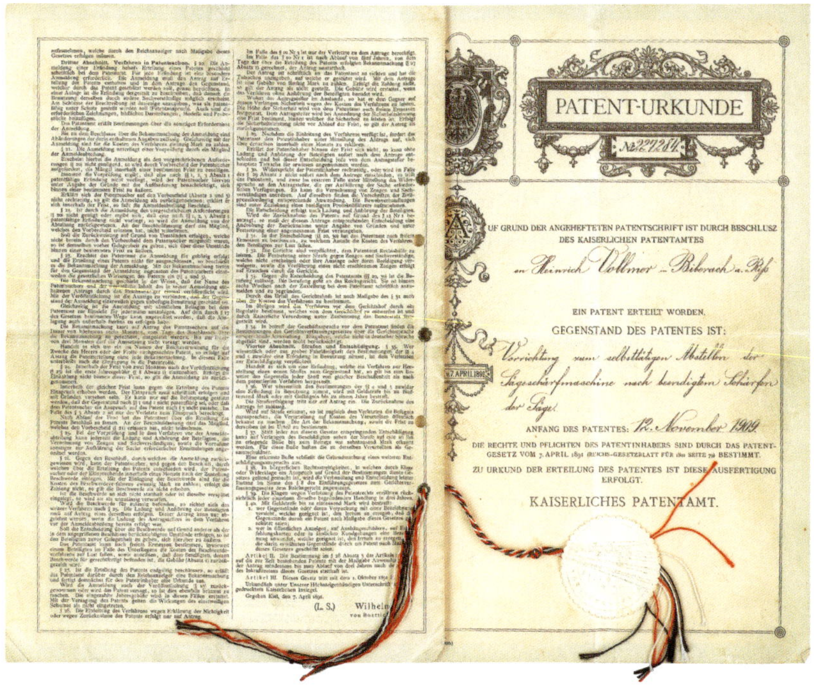
PATENT-URKUNDE

№ 227284.

AUF GRUND DER ANGEHEFTETEN PATENTSCHRIFT IST DURCH BESCHLUSZ DES KAISERLICHEN PATENTAMTES

an Heinrich Vollmer in Biberach a. Riß

EIN PATENT ERTEILT WORDEN.

GEGENSTAND DES PATENTES IST:

Vorrichtung zum selbsttätigen Abstellen der Sägeschärfmaschine nach beendigtem Schärfen der Säge.

ANFANG DES PATENTES: 12. November 1909.

DIE RECHTE UND PFLICHTEN DES PATENTINHABERS SIND DURCH DAS PATENTGESETZ VOM 7. APRIL 1891 (REICHS-GESETZBLATT FÜR 1891 SEITE 79) BESTIMMT.

ZU URKUND DER ERTEILUNG DES PATENTES IST DIESE AUSFERTIGUNG ERFOLGT.

KAISERLICHES PATENTAMT.

Patenturkunde des Kaiserlichen Patentamtes in Berlin zugunsten von Heinrich Vollmer, vom 12. November 1909 für seine neuartige Feilmaschine.

1910 stehen gewichtige Veränderungen an. Aus familiären Gründen zieht Heinrich Vollmer mit der Firma nach Biberach um. An der Riß betreiben seine Brüder Gottlob und Otto eine Firma zur Bürstenhölzerfabrikation, die aber nicht so recht laufen will. Heinrich Vollmer soll in der Nähe sein und helfen, so wünscht es sich die Mutter. Und damit nicht genug: Sein Partner Carl Mayer verlässt gleichzeitig den Betrieb. Sie sollen sich nicht mehr verstanden haben – das liebe Geld.

Heinrich Vollmer startet in Biberach offiziell am 1. Juni 1910 als alleiniger Inhaber der Firma. Im Wolfental bei der alten Pulvermühle wird die erste „Biberacher" Schränkmaschine gebaut. Die Räume dort sind bescheiden, eng, es ist klamm, Wasserratten inklusive.

Aber das Geschäft läuft. Schon ein Jahr nach dem Neustart erweitert Vollmer, er mietet Grund und Raum von Biberachs bedeutendem Glasermeister Montag in der Wilhelmstraße an. Apropos Wilhelmstraße: Noch heute ist die Stelle des einstigen Gebäudes der Hauptsitz der Vollmer Werke.

Die Nachfrage übertrifft in diesen Jahren alle „Business-Pläne". Bis 1914 wird er 3000 Schränkmaschinen und noch mehr Feilmaschinen verkaufen. Es muss wieder erweitert werden, er nimmt abermals Kredite bei seinen Eltern auf, und er verpfändet zwei Maschinen. Förderung von der Stadt gibt es in diesen Zeiten nicht.

Im Dienste der Armee

Nach fünf Jahren des Wachstums ändert der Erste Weltkrieg alles. Vollmer muss zusehen, wie er in Kriegszeiten die Arbeitsplätze sichert. Das hat für ihn Vorrang vor allem anderen. Er nimmt daher das Angebot des Kriegsministeriums an und steigt in die Rüstungsproduktion ein. Er fühlt sich verpflichtet, sein Konstruktionstalent in den Dienst des Heeres zu stellen. Für sein Vaterland würde er sogar in den Krieg ziehen. Aber wegen seiner mangelnden Sehfähigkeit wird er ausgemustert.

Seine Leidenschaft für die Waffenkonstruktion wird hier zum ersten Mal geweckt – und sie wird lange anhalten. Der Maschinenpark wird umfunktioniert, neues Gerät konstruiert. Die Firma fertigt nun auch

Feilmaschine, Mayer & Vollmer, Biberach 1917.

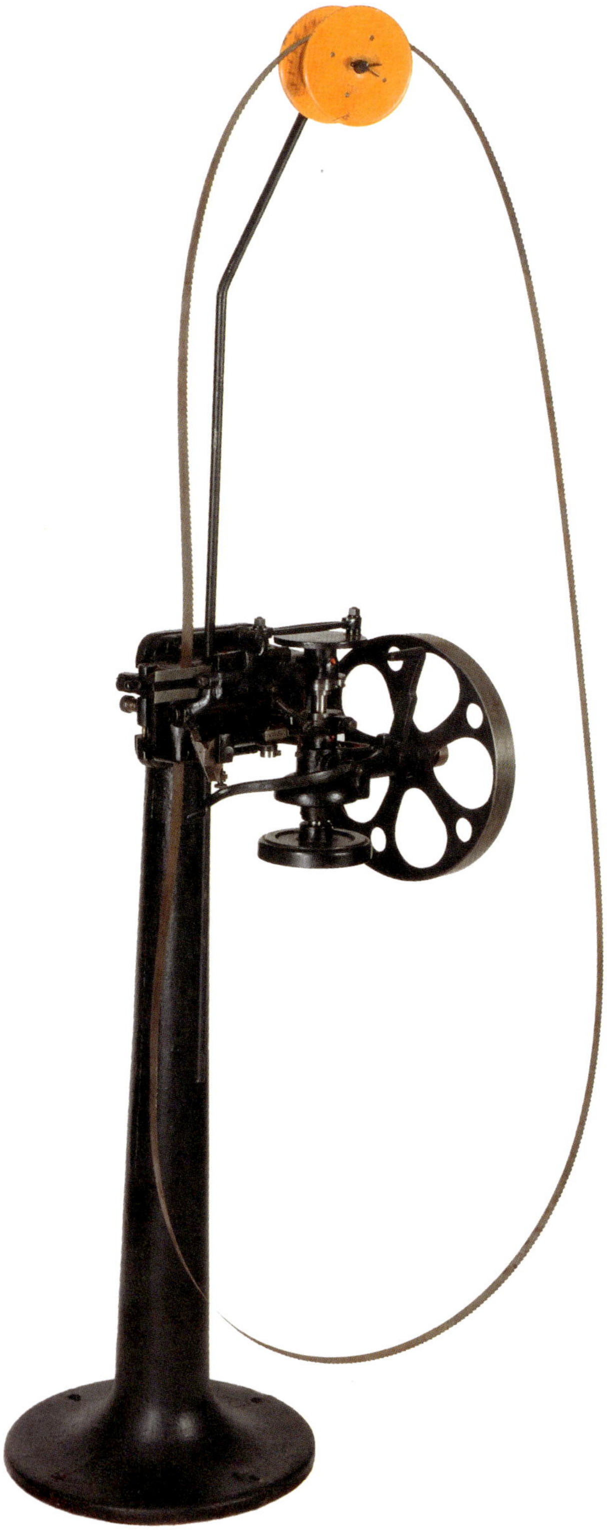

Mündungsschoner für Gewehre, die zum Reinigen der Gewehre gebraucht werden. Hunderttausende werden in den ersten Jahren produziert, vornehmlich für das Gewehr 98 und den Karabiner 98a. Zudem will er die Patronenzuführung verbessern. Ende 1915 richtet er einen Schießstand in unmittelbarer Nähe zur Firma ein. Hier werden fortan viele Versuche gemacht. Letztlich wird aus dem Projekt mit der Patronenzuführung aber nichts.

1916, inmitten des Krieges, bekommt Vollmer die Anfrage, bei der Produktion eines Propellers für Flugzeuge – damals noch aus Holz – zu helfen. Das Ergebnis: ein neues Verfahren, in dem der Propeller aus mehreren Holzschichten die richtige „Steifigkeit" erhält. Über diesen Weg erhält die Süddeutsche Propellerfabrik Göppingen mit Vollmer einen weiteren Gesellschafter. Doch nicht lange, denn Vollmer hat zu viel zu tun – er verkauft seine Anteile bereits 1917 wieder. Es ist für ihn kein gutes Geschäft.

Bis 1918 steigt die Zahl der Beschäftigten seines Unternehmens auf schier unglaubliche 750 Mitarbeiter. Vollmer ist der größte Arbeitgeber Biberachs. Viele Frauen montieren die Mündungsschoner, weil die Männer im Schützengraben liegen. Sogar zwölf jungen Türken bietet Vollmer während des Krieges einen Ausbildungsplatz an. Einer bleibt nach der Lehre: Er wird – lange vor der Unterzeichnung der Anwerbeverträge – der erste „Gastarbeiter" Biberachs sein.

Unruhen, Rezession, Krise

Die schweren Zeiten beginnen sofort mit Kriegsende. Von einer Stunde auf die andere wird die Kriegsproduktion eingestellt, die Aufträge brechen weg, die Mitarbeiterzahl sinkt auf 80 – der Betrieb verödet. Hyperinflation und Rezession, politische Unruhen und Massenstreiks machen das Geschäft zunichte. Die Arbeiter sind wegen der schlechten Versorgung abgemagert, überall herrscht Not. Vollmer ist nahezu ruiniert und muss in Berlin bei der Heeresbehörde vorstellig werden. Er verweilt immer wieder in der Hauptstadt, es sind lange Verhandlungen. Dort wohnt er im gleichen Hotel, in dem Rosa Luxemburg und Karl Liebknecht ihr Hauptquartier haben, für kurze Zeit nur, denn Liebknecht und Luxemburg werden am 15. Januar 1919 von Freikorps ermordet. Berlin ist gefährlich in diesen Tagen. Doch Vollmer muss sich durchbeißen. Für seinen Betrieb geht es auf dem Amt um alles. Lange Diskussionen mit der Heeresbehörde sind nötig. Später bekommt er für seine geplatzten Aufträge immerhin eine Abfindung. Es ist nicht ganz umsonst gewesen.

Vollmer ist mitnichten an sein Ende angelangt. Er hat neue Ideen mit seiner Firma, die seit 1918 „Heinrich Vollmer Maschinenfabrik Biberach" heißt. Vieles allerdings bringt Vollmer in der Phase noch nicht zum Laufen: Aus der Entwicklung eines Motorpflugs wird nichts, auch der Bau eines Hubschraubers bleibt eine Utopie. Seine Erfindungen bringen ihn wirtschaftlich nicht weiter.

Doch anderes funktioniert: Für die alten Kollegen von Hamm & Dürr fertigt Vollmer Kettenmaschinen in Lizenz. 1921 erfindet er den selbstspannenden Schraubstock „Sespa". 1923 präsentiert der Schwabe dann eine seiner wichtigsten Erfindungen: ein System für die Bearbeitung von Sägeblättern, das nicht Feilen, sondern Schleifscheiben einsetzt.

Es entsteht der erste Schärfautomat der Typenklasse C. Die aus dem Verfahren entstammenden Maschinen sind denen der Konkurrenz überlegen. Qualität zahlt sich aus.

Heinrich Vollmer übernimmt in der Weimarer Republik einige Ämter. Er ist im Reichsbund vaterländischer Arbeitgeberverbände, im Verband württembergischer Industrieller, im Wissenschaftlichen Bund Württemberg. Und als „Alter Herr Schlanko" unterstützt er die jungen Burschenschaftler. Aus seinem Konservativismus macht er keinen Hehl. In den Zeiten der Weimarer Republik mit seinen vielen Arbeiteraufständen kämpft Vollmer auch gegen den Einfluss der „Roten". Er führt eine ideologische Auseinandersetzung gegen die Arbeiterbewegung. In seinen Augen gefährden diese Tendenzen die freie Wirtschaftsordnung.

Kurzer Boom

Die Konjunktur spielt Vollmer für wenige Jahre in die Hände. In den „Goldenen Zwanzigern" wächst die Nachfrage aus der Holz- und Möbelindustrie. Die Deutschen richten sich ein und tun für kurze Zeit unbeschwert.

Der Gedanke ans Konstruieren von Waffen lässt ihn auch in dieser Zeit nicht los. Er tüftelt wieder an der Patronenzuführung von Gewehren, jetzt will er auch ganze Maschinenpistolen bauen. Er nimmt das Projekt gemeinsam mit seinem Neffen Otto Vetter in Angriff. Das Probeschießen erfolgt im Bergkeller auf dem Grundstück der Vollmer-Villa. Die Maschinenpistole VMP wird erstmals 1926 vom Heer zu Testzwecken angefordert. Letztlich wird sie aber im deutschen Heer nicht eingeführt. Vollmer ist tief enttäuscht. Den Versuch war es seiner Meinung nach zwar wert, aber wieder einmal hat ein großes Vorhaben nicht geklappt.

Privat geht alles seinen Gang. 1924 heiratet Heinrich Vollmer die 14 Jahre jüngere schwäbische Ingenieurstochter Helene Palm aus Ebingen. Noch im selben Jahr erblickt Tochter Sieglinde das Licht der Welt, 1927 folgt die zweite Tochter Astrid und 1932 kommt der ersehnte Sohn Udo. Die Familie lebt in einer Biberacher Jugendstilvilla, die im Volksmund „Mondscheinschlössle" genannt wird. Die Vollmer-Villa wird auch ein Ort der Biberacher Gesellschaft. Helene kümmert sich darum, es wird diniert, musiziert und getanzt. Heinrich Vollmer steht da aber nicht in vorderster Reihe, ist in solchen Runden eher zurückhaltend, er gilt vielen Weggefährten als introvertiert. Die große Bühne ist nicht sein Ding.

Im Herbst 1929 findet der Boom sein jähes Ende. Es geht rapide bergab mit der Konjunktur. Die Weltwirtschaftskrise bringt Heinrich Vollmer an den Rand der Pleite. Nichts geht mehr. Im Werk arbeiten nur noch wenige Dutzend Mitarbeiter. Es werden harte Jahre. Er lebt jetzt von der Substanz, die er in guten Jahren aufgebaut hat.

Stillstehen fürs Foto: Lehrlinge bei Vollmer in Biberach in den Zwanzigerjahren.

Werkhalle in den Zwanzigerjahren: Unter der Decke ein Gewirr von Transmissionsrollen und Riemen, über die die Werkzeugmaschinen angetrieben werden.

Der Waffenkonstrukteur Heinrich Vollmer mit seinem Neffen Otto Vetter in der Versuchsabteilung 1929.

Produzieren für den Krieg

Drei Jahre darbt Vollmer. Mit der Machtergreifung der NSDAP Anfang 1933 ändern sich die Vorzeichen. Die nationalsozialistische Planwirtschaft hat Einfluss auf die Unternehmen, auch auf Vollmer. Aufträge kommen herein, seine Produkte sind nachgefragt. 1935 kommt eine erfolgreiche Schränkmaschine auf den Markt. Der Chef führt ob des Erfolgs ein dreizehntes Monatsgehalt ein. Der stolze Maschinenpark macht die Produktion wirtschaftlich. Gleichzeitig entsteht in der Firma eine Lehrwerkstatt.

Heinrich Vollmer ist ein Mann, der von seiner Mission als Unternehmer erfüllt ist. Die Arbeit ist der Mittelpunkt seines Lebens. „Für meinen Vater war sein Unternehmen immer auch seine Familie", erinnert sich Sieglinde Vollmer. Wenn er abends von der Arbeit kommt, vergewissert er sich zuerst, ob alle aus der Familie zu Hause sind, wie seine Tochter Astrid Vollmer erzählt. Dann zieht er sich in sein Arbeitszimmer zurück, mit Unterlagen, Papieren, Zeitungen. Oft ist er wortkarg, kein Freund großer Worte.

Mit dem Ausbruch des Zweiten Weltkriegs bricht der Firmenaufschwung jäh ab. Die nun einsetzende Kriegswirtschaft zwingt Vollmer, die Produktion seiner eigenen Maschinen zurückzufahren. Stattdessen wird Vollmer von 1940 an Einzelteile für Maschinenpistolen bauen. Die Parteiführung setzt ihn unter Druck. Begründung: Vollmer sei „kriegswichtig". Die Rüstungsaufträge kompensieren die anderen Geschäfte. Vollmer hat alle Hände voll zu tun. Von 1941 werden die Aufträge der Wehrmacht in Dringlichkeitsstufen eingeteilt. Es arbeiten nun wieder 500 Menschen in den Werken, um Maschinenpistolen und Zubehör zu produzieren. Heinrich Vollmer macht sich einen Namen, er ist mittlerweile einer der bekanntesten Waffenkonstrukteure Europas.

Auch Zwangsarbeiter stehen an seinen Maschinen. Es sind Franzosen, Russen, Polen, Ukrainerinnen, sogenannte „Ostarbeiterinnen". „Es waren de facto Zwangsarbeiter. Aber selbst wenn Heinrich Vollmer es gewollt hätte, er hätte während des Krieges weder die anwachsenden Rüstungsaufträge noch die Zuteilung von ‚Ostarbeitern' ablehnen können. Also machte er das Beste aus der Situation", schreibt der Biberacher Biograf Frank Brunecker.

Wie steht der Unternehmer zum Nationalsozialismus? „Heinrich Vollmer war nie Mitglied der NSDAP", schreibt Sohn Udo in seinen Aufzeichnungen „Der Unternehmer Heinrich Vollmer als Waffenkonstrukteur". Auch von den Aufmärschen der Nazis hält sich Vollmer fern. Viele seiner Angestellten folgen seinem Beispiel. Diese braunen Massen entsprechen nicht der Art Vollmers. Konservativ ja, aber er pflegt dabei einen Individualismus. Den Krieg mag er auch nicht, er sieht ihn schon bei Ausbruch als verloren an. Deswegen seien dem Firmengründer auch manche Knüppel in den Weg gelegt worden. Nur die Verdienste als großer Waffenkonstrukteur, so Udo Vollmer weiter, bewahrten ihn wohl vor Schlimmerem. Seine Leistungen werden auch ohne Parteibuch anerkannt. Mitte 1942 erhält Heinrich Vollmer das Kriegsverdienstkreuz für wirtschaftliche Leistungen. Er nimmt es hin. (Als dem Unternehmer noch Anfang 1945 die Ernennung zum Wehrwirtschaftsführer angeboten wird, lehnt er ab.) Waffen aus Leidenschaft zu konstruieren, den Krieg aber zu hassen – das ist der Zwiespalt, in dem sich Vollmer bewegt.

Wirren des Jahres 1945

Das Ende naht. Die deutschen Armeen sind geschlagen. Biberach wird von Luftangriffen heimgesucht. Die Amerikaner bombardieren die Ulmer-Tor-Straße. In der Firma wird ein spezieller Telefonapparat installiert, über den die Arbeiter rechtzeitig gewarnt werden. Bei Gefahr müssen die Vollmer-Mitarbeiter in den Luftschutzkeller, dem „Käskeller". Die Firmenleitung geht in ein festes Souterrain im Verwaltungsgebäude. Unentbehrliches Material und wichtige Akten werden noch schnell in Sicherheit gebracht, alles muss jetzt fix gehen. Die Werksfeuerwehr ist zwei Tage lang im Dauereinsatz. Nichtsdesto-

Montage der Schärfautomaten 1932.

trotz soll der Unternehmer allen Ernstes noch 1945 eine Fabrik für Handfeuerwaffen hochziehen. Ein Wahnsinn. Heinrich Vollmer sucht einen Ausweg, indem er sich wegen seiner angeschlagenen Gesundheit in die Privatklinik Stillachhaus in Oberstdorf verabschiedet. Das ist geschickt, keine Frage, aber auch gefährlich und hätte seine Inhaftierung bedeuten können. Als er dort entlassen wird, ist es für den Fabrikbau „leider" zu spät.

Im März 1945 hat Heinrich Vollmer Angst um seine Tochter Astrid. Sie ist in Villingen beim Kriegshilfsdienst als „Arbeitsmaid" verpflichtet, wird dort aber noch im Abwehrkampf ausgebildet. Die französischen Divisionen überschreiten zu der Zeit schon den Rhein. Das kann Astrids Tod bedeuten. Viele junge Menschen werden von Hitler noch in den letzten Tagen in den Tod geschickt. Vollmer muss sie da herausholen. Er und sein Vertreter August Hardecker fahren am 5. April mit dem Holzgas-Adler-Trumpf nach Villingen. Die Lagerführerin will von Vollmer nichts hören, die Vaterlandspflicht geht vor: „Jeder wird gebraucht." Doch Heinrich Vollmer redet mit Engelszungen, kann sie schließlich überreden. Zu fünft fahren sie aus dem Lager fort. Denn Vollmer hat gleich noch zwei weitere Biberacher Mädchen mitgenommen – und ihnen wahrscheinlich so das Leben gerettet.

Die Rückfahrt ist ebenfalls risikoreich. Die „Ausreißer" müssen sich auf der Heimfahrt mehrmals im Wald verstecken: Fliegeralarm. Bombenangriffe gibt es in diesen Tagen ohne Unterlass. Nur wenige Tage später besetzen die Franzosen Villingen. Großes Glück im großen Unglück.

Die Franzosen sind da

April 1945. Heinrich Vollmer muss in seiner Firma retten, was zu retten ist. Angeblich will das Reich die Firmenanlagen sprengen, bevor sie in französische Hände fallen. Heinrich Vollmer bewaffnet seine Arbeiter, auch die Zwangsarbeiter, um das Werk zu schützen. Gleichzeitig verbrennt er alle Akten über seine Rüstungsaufträge, damit sie die Franzosen nicht zu lesen bekommen. Am 23. April sind sie da. Die französischen Soldaten besetzen das Verwaltungsgebäude der Firma und die private Vollmer-Villa. Die Familie muss zusammenrücken. Die französischen Zwangsarbeiter teilen den ankommenden Soldaten per Anschlag am Fabriktor mit, sie seien gut behandelt worden. Das hilft.

Mai 1945. Zum zweiten Mal nach 1918 hat ein Weltkrieg die deutsche Volkswirtschaft in den Ruin getrieben und auch Vollmer mit hinabgezogen. Wegen der Rüstungsproduktion wird Vollmers Werk auf die Demontageliste gesetzt. Eine Totaldemontage wird es aber zum Glück letztlich nicht werden. Die Entnazifizierung, von den vier Mächten ab Juli 1945 umgesetzt, bereitet Heinrich Vollmer, der nie NSDAP-Mitglied war, keine Sorge. Doch er schämt sich für all die, die „Heil Hitler" geschrien haben und jetzt plötzlich von nichts mehr wissen wollen. „Ich schäme mich, bei Befragen die Nichtmitgliedschaft anzugeben, denn ich will mich nicht in eine Reihe mit den Heuchlern stellen", sagt er.

August 1945. Es herrscht Chaos in Deutschland. Es kommt zu mehreren Einbrüchen auf dem Werksgelände. Banden treiben sich herum, Diebe, Plünderer. Udo Vollmer schreibt: „Der Verfasser selbst war Zeuge, als sich ein Trupp Russen von der Ehingerstraße aus mit Polen, die im Keller der Süßmosterei und Weinhandlung Metzger – oberhalb unseres Gartens gelegen – auf Schnaps und Spirituosen gestoßen waren, ein Feuerduell lieferten." Über ihn und seine Mutter, die beiden pflücken gerade Himbeeren, pfeifen die Kugeln hinweg.

September 1945. Die Arbeit will Heinrich Vollmer nicht ruhen lassen. Er hat die Produktion für Schränk- und Schleifmaschinen bereits wieder umgestellt. Die nötigen Unbedenklichkeits-Bescheinigungen bekommt er ebenfalls. Die Währung, die er für seine Produkte erhält, ist aber oft kein Geld, sondern Tauschgut – der Schwarzhandel blüht.

Heinrich Vollmer in den Fünfzigerjahren.

Warten auf ein Wirtschaftswunder

Weil Heinrich Vollmer unbelastet ist, wird er schnell in die neue Parteiarbeit eingebunden. 1946 geht er für die CDU in den Stadtrat. 1948 tritt er allerdings schon wieder aus der Partei aus, weil die CDU die Konfessionsschule wieder einführen will – für Vollmer ein Anachronismus. Stattdessen engagiert sich der Industrielle in Arbeitgeberverbänden, wie schon zu Weimarer Zeiten. Er sitzt in der neuen Industrie- und Handelskammer in Ravensburg und im württembergischen Arbeitgeberverband.

Die Konjunktur springt noch nicht an. Die Liste der Probleme in der Wirtschaft ist lang: Der Rohstoffmangel setzt Vollmer enge Grenzen, Zahlungsmittel fehlen.

Zudem werden jetzt viele wichtige Maschinen von den Alliierten demontiert. Bis 1948 bringen sie 46 Werkzeugmaschinen weg. Das tut den Arbeitern richtig weh, ihr Arbeitsplatz wandert gerade nach Frankreich ab, der Frust sitzt tief. Umso erstaunlicher die Anekdote, der bei allem Pech in dieser Geschichte ein Sinn für Humor nicht abzusprechen ist: Die Arbeiter bauen, bevor die Franzosen mit den Wagen zum Abtransport kommen, wesentliche Teile aus und machen die Maschinen unbrauchbar. Von außen ist nicht zu erkennen, dass etwas fehlt. Die Geschäftsleitung weiß davon nichts – angeblich. Die 46 Maschinen werden nie mehr laufen.

Die Vollmer Werke in Biberach an der Ecke Wilhelmstraße/Bleicherstraße in den Fünfzigerjahren.

Wirtschaftsminister Ludwig Erhard am Vollmer-Stand auf der Messe in Dornbirn 1952.

Die Beschäftigten besitzen auch in schweren Tagen eine hohe Loyalität gegenüber Vollmer. „Mein Vater hat sich für sie eingesetzt, und seine Mitarbeiter haben es ihm gedankt, deshalb sind es auch immer wieder dieselben Familien gewesen, die ihre Kinder zum Vollmer geschickt haben. Einmal Vollmer, immer Vollmer", erzählt Sieglinde Vollmer. Langsam machen sich die in Biberach ansässigen Russen wieder auf den Weg nach Hause – Repatriierung nennt sich das. Dazu brauchen sie aber Koffer, die es nicht gibt. Also beginnt in der Schreinerei von Vollmer eine Kofferfertigung. Aus Schultafeln, die aus der ehemaligen Hans-Schemm-Mädchenschule herangeschleppt werden, machen die Schreiner für die Russen Holzkoffer. Im heißen Sommer 1947 sind Vollmer-Holzkoffer ganz „en vogue".

Heinrich Vollmer ist ein Unternehmer, dem immer noch etwas einfällt und der auch bei der kleinsten Chance zupackt. Er lässt sich nicht demoralisieren, auch wenn der ganze Frust aus zwei Weltkriegen ihm deutlich zugesetzt hat. Er erinnert sich wieder an ein altes Gebrauchsmuster, das er 1939 schon einmal in Planung hatte: die Montage der Aggregate auf Maschinenständern aus Beton. Denn dafür hat er alles da an Rohstoffen. Mit dieser Idee findet er den Weg in die zivile Produktion zurück.

Die ersten Maschinen sind bald fertig. Sie werden getauscht gegen Stahl oder Werkzeuge. Auch Lebensmittel oder Möbel gelangen so in seinen Besitz, die er seinen Mitarbeitern anbieten kann.

Die D-Mark kommt

Am 20. Juni 1948 ist es soweit: Deutschland bekommt die D-Mark. Mit der Währungsreform ist der Grundstein für starkes Wirtschaftswachstum gelegt. Heinrich Vollmer kauft Fertigungsmaschinen und forciert Neukonstruktionen. So bringt das Unternehmen bald Schärfmaschinen auf den Markt, die erstmals mit getrennten Antrieben für Maschine und Schleifscheibe ausgerüstet sind. Die Nachfrage nach Vollmer-Produkten steigt von 1949 kontinuierlich an.

Heinrich Vollmer weiß, wie man Geschäfte macht. Er hält stets guten Kontakt zur Holzindustrie, er ist auf allen Messen zu Hause. Und er weiß immer, was verlangt wird. Ein Beispiel ist der „Cana Diamant": Das Verfahren für die Bearbeitung hartmetallbestückter Kreissägeblätter bedeutet die Geburt eines neuen Geschäftsfelds.

Seit den 1920er-Jahren ist Vollmer eine Aktiengesellschaft. 1950 beschließt die Hauptversammlung der Vollmer Werke AG die Umwandlung in eine GmbH. Gleichzeitig wird das Kapital verdoppelt. Die Familie hat damit weiter das Sagen.

Von 1951 an fertigt Vollmer die Antriebsmotoren für seine Maschinen selbst. Es wird auch ins Ausland expandiert. Die Produktionsflächen werden modernisiert, neue Geschäftsfelder gefunden. Sogar der Hobbykegler wird glücklich: 1959 fragt die Härle Holzwerke aus Biberach an, ob Vollmer einen vollautomatischen Kegelstellautomaten mit Transistorsteuerung produzieren kann. Von 1960 an fertigt Vollmer also den Kegelstellautomaten KSA, den man von da an in vielen Kellern deutscher

Blick in die Montage 1960.

Wirtshäuser und Kneipen findet. In den 50er-Jahren will die Rheinmetall Vollmer für die Produktion eines Maschinengewehrs gewinnen. Doch Heinrich Vollmer, der einst begeisterte Waffenkonstrukteur, lehnt ab. Er will auf seinem Werksgelände keine einzige Patronenhülse mehr sehen. Er hat genug.

Wieder daheim

Im Wirtschaftswunderland der Bundesrepublik geht es mit Riesenschritten vorwärts. Es sind gute Jahre für das Unternehmen. Allerdings macht Heinrich Vollmer seine Krankheit mehr und mehr zu schaffen. Nach über 50 Jahren geschäftlichen Tatendrangs ist die Kraft aufgebraucht.

Heinrich Vollmer stirbt 1961 im Alter von 75 Jahren nach schwerer Krankheit. Die „Schwäbische Zeitung“ schreibt am 5. Juli 1961: „Mit Trauer und herzlicher Anteilnahme vernahm die Bevölkerung am vergangenen Samstag, dass der Inhaber und Leiter der Vollmer Werke Maschinenfabrik in Biberach, Fabrikant Heinrich Vollmer, nach schwerer Krankheit verschieden ist. (...) Darüberhinaus galt er als einer der bedeutendsten Pioniere schwäbischen Erfindergeists und schwäbischen Unternehmertums.“

Er war Erfinder, Unternehmer und Produzent in einer Person. Ganz Biberach war zu seiner Beerdigung auf den Beinen, wie sich

Produktion von hartmetallbestückten Kreissägeblättern mit robotergesteuerten CHD-Schärfmaschinen, 2009.

Sieglinde Vollmer erinnert. 120 Kränze lagen an seinem Grab und an den Wegen. Doch sein Lebenswerk stirbt mitnichten.

Udo Vollmer übernimmt die Geschäftsleitung. Er hat das Handwerk von der Pike auf gelernt, steigt schon früh in die Montage ein. Im Alter von 30 Jahren beginnt Udo Vollmer einen Prozess der inneren und äußeren Modernisierung. Ihm zur Seite steht bald die ältere Schwester Sieglinde Vollmer.

Heute arbeitet Vollmer global. Die Kinder haben das Unternehmen auf dem Wachstumspfad weitergeführt. Vollmer hält in vielen Bereichen der Werkzeugzurichtung die Technologie-Marktführerschaft und beschäftigt weltweit rund 700 Mitarbeiter. Das Ziel von Vollmer bleibt das, was es immer schon war: eine erfolgreiche, familiengeprägte Firmengruppe mit unternehmerischem Denken und Handeln auf allen Ebenen zu sein, wie es Heinrich Vollmer vorgelebt hat. Sieglinde Vollmer sagt: „Mein Vater war ein Vollblutunternehmer alter Schule."

Von Heinrich Vollmer sind keine großen Worte überliefert. Er hielt keine langatmigen Reden und stellte sich nicht ins Rampenlicht. Nur ein Spruch ist noch bekannt, den er seinen Kindern mit auf den Weg gab: „Hast Du ein Ziel, so strebe ernst und still / allmächtig ist das kleine Wort ‚Ich will'."

Udo Vollmer.

Sieglinde Vollmer.

Alfred Eugen Ritter

geboren am 2. August 1885 in Stetten am Kalten Markt
gestorben am 8. April 1952 in Waldenbuch

Clara Ritter geb. Göttle

geboren am 2. Dezember 1877 in Tomerdingen (heute Dornstadt)
gestorben am 15. März 1959 in Waldenbuch

Quadratisch. Praktisch. Gut.

Produktionsgebäude in der Wilhelmstraße 16, Bad Cannstatt.

Bunt und quadratisch bis heute: Sortimentsausschnitt Ritter Sport 2012.

Es gibt Werbesprüche, die sind unsterblich, sie verfolgen einen regelrecht. Sagt man zu jemandem „Quadratisch ...“, dann kommt höchstwahrscheinlich: „... praktisch, gut“, der mehr als 40 Jahre alte Slogan von Ritter-Sport-Schokolade. Kaum ein anderes Markenversprechen hat sich als so langlebig erwiesen wie der Ritter-Dreiklang. Man darf an dieser Stelle einmal sagen: Er ist Kult.

Dass Schokolade heute überhaupt quadratisch ist, diese Idee hatte Clara Ritter im Jahr 1932. Sie erfand diese Form angeblich deswegen, damit der Schokoladenfreund seine Süßigkeit besser in der Jackentasche mitnehmen kann. Mobilität war offenbar damals schon ein schlagendes Verkaufsargument.

Gemeinsam mit ihrem Mann Alfred Eugen Ritter hat Clara Ritter die Idee in der Folge zu einer der großen, deutschen Marken-Erfolgsstorys des 20. Jahrhunderts gemacht. Alfred Eugen Ritter und Clara Ritter – sie gemeinsam waren es, die den Aufbau des Unternehmens gemeistert haben, sie gemeinsam stehen für den Erfolg. Eine Ehe, aus der eine Firma mit heute 330 Millionen Euro Umsatz und 900 Mitarbeitern entstanden ist. Das macht diese Geschichte so einzigartig: Sie ist gleichzeitig Firmen- und Liebesgeschichte.

Die Geburt von Alfred Eugen Ritter im Jahre 1885 fällt just in eine Zeit, in der sich die Strukturen des deutschen Handels gewaltig zu verändern beginnen. Die Industrialisierung in der Bismarckzeit bringt es mit sich, dass die Arbeiter in die Städte ziehen und die Zahl der Selbstversorger auf dem Land sinkt. Das Angebot der Waren wandelt sich, es wird größer, differenzierter, der Bargeldumlauf nimmt wegen der Lohnarbeiter immens zu, es gibt Brot und Wurst im Laden und Gewürze aus aller Welt im Zuge der Kolonialisierung. Die steigende Kaufkraft der Haushalte verändert das ganze, über Jahrhunderte tradierte Konsumverhalten.

Stuttgart ist zu der Zeit ein Zentrum der Schokoladenindustrie. Hier sitzen die Schokoladenfabrik Moser-Roth, Staengel & Ziller (später: Eszet), Haller, Buck und der Eiskonfektproduzent Friedel. Die Schweizer Schokofirmen Tobler und Suchard haben hier ihre Dependancen. Heute gibt es viele der deutschen Anbieter nicht mehr.

Am Anfang das „Ja“-Wort

Alfred Ritter entscheidet sich in jungen Jahren, den Weg des Konditors einzuschlagen. Er macht eine Lehre und sich daraufhin in Backnang selbstständig. Clara Göttle ist derweil Inhaberin eines Süßwarenladens in der Bahnhofstraße in Bad Cannstatt. Als sich die beiden kennenlernen, beginnt die große Ritter-Geschichte. Sie fängt da an, „wo die meisten Liebesfilme aufhören: bei der Ehe“. So romantisch formuliert es das Unternehmen in einer Eigendarstellung noch heute.

Lieferwagen aus den 30er-Jahren: zwei Fahrer unterwegs im Namen des guten Geschmacks.

Das „Ja"-Wort geben sich Alfred und Clara am 4. Juli 1912; fortan machen sie im privaten wie im geschäftlichen Leben gemeinsame Sache. Clara Ritter ist acht Jahre älter als Alfred Ritter. Noch im Jahr der Heirat gründen die Ritters die „Zuckerwarenfabrik Alfred Ritter Cannstatt", aus der einmal Großes entstehen wird. Ihre erste Produktionsstätte richten sie in einem Hinterhaus in der Inneren Moltkestraße ein (heute Sodemerstraße). In diesem Haus wohnt das junge Paar auch.

Alfred Ritter beginnt mit zwei Mitarbeitern die Produktion von Zuckerwaren, die natürlich im Laden der Ehefrau verkauft werden. Es sind glückliche – und noch friedliche Zeiten. Die Nachbarn, vor allem die Kinder, erfreuen sich am Metier der Ritters. Im Jubiläumsbuch zum 75. Geburtstag erzählt der einstige Nachbar Gerhard Ellwanger: „In der warmen Jahreszeit stand Herr Ritter im weißen Arbeitsmantel fast täglich im Hof zwischen Vorder- und Hinterhaus und fabrizierte Speiseeis. War das Eis fertig, hieß er alle sich in der Nähe aufhaltenden Kinder eine Untertasse holen, darauf bekam dann jedes Kind eine Portion Eis."

Im Sommer 1914 ist die sorglose Zeit vorbei. Der Krieg bricht aus, der Firmeninhaber wird zum Militär eingezogen, die Produktion stillgelegt. Seinen Humor und seine Lebensfreude lässt sich Ritter aber nicht nehmen. Nachbar Ellwanger berichtet: „Während seiner Soldatenzeit lief Herr Ritter im Hof einmal Schlittschuh. Als mein Vater, der auch gerade auf Urlaub war, in der Uniform eines Feldwebels auf der Veranda erschien, um Herrn Ritter zu grüßen, wollte dieser stramm militärisch den Gruß erwidern. Doch die Schlittschuhe verweigerten ihm den Gehorsam, er rutschte aus und saß auf dem Hintern." Seitdem hat niemand in der Nachbarschaft mehr Herrn Ritter in Uniform gesehen.

Nicht lange nach Kriegsbeginn schafft es Alfred Ritter, die Produktion in Bad Cannstatt wieder aufzunehmen. Clara Ritter kümmert sich weiter um den Verkauf. Im dritten Kriegsjahr, 1916, wird Alfred Ritter aus gesundheitlichen Gründen vom Militärdienst entlassen, allerdings umgehend als Konditor in der Stuttgarter Schokoladenfabrik Eszet dienstverpflichtet. Dort gießt er fortan Blockschokolade, die „zur Steigerung der Kampfkraft" in die Feldpostpäckchen gepackt wird. Das hat auch etwas Gutes, wenn man so will: Hier lernt Alfred Ritter die fabrikmäßige Herstellung von Schokolade kennen, insbesondere die Finessen der Kremschokolade.

Und er ist jetzt wieder näher bei seiner Frau. In den ersten Kriegsmonaten, am 4. Dezember 1914, wird Sohn Alfred geboren. Es wird das einzige Kind des Paares bleiben. Alfred Junior wird einmal die Firmentradition weiterführen.

Umzug ins Idyll: Die Produktionsstätte von Ritter in Waldenbuch in den 30er-Jahren.

„Alrika ißt die Frieda"

Mit Kriegsende kommt Alfred Ritter zurück in die eigene Firma. Der Umsatz mit Zuckerwaren steigt mit dem Chef an der Spitze schnell wieder an. Die gemieteten Räume in der Moltkestraße werden bald zu klein. Die Eheleute beschließen daher, ein Haus mit einem größeren Lagerraum in der Wilhelmstraße Nr. 16 zu kaufen. Geld ist offenbar da: Das große Haus mit Wohn- und Geschäftsräumen sowie Hofplatz kostet 80 000 Reichsmark.

Hier werden die ersten Ritter-Tafelschokoladen hergestellt. Und die erste Marke aus dem Hause Ritter geboren: Alrika heißt sie, eine 100-Gramm-Langtafel („Alrica ißt die Frieda, der Dagobert, die Lina – sie alle essen's gern!"). Es ist eine Kremschokolade mit verschiedenen Füllungen wie Orangekrem, Himbeerkrem oder Rumkrem. Alrika steht für Alfred Ritter Cannstatt – angeblich ist es zu der Zeit Mode, Cannstatt als Kannstatt zu schreiben. Beide Schreibweisen für die Schokolade sind überliefert. Ein altes Werbeplakat weist die Marke indes klar als „Alrika" aus, auch auf dem ersten Lastwagen Ritters steht es mit „K".

Das Sortiment der Ritters wird immer breiter. Krempralinen gibt es, „Kremspatzen", dazu gefüllte Schokoladenstangen oder „Weinbrandbohnen mit Kruste". In der Adventszeit hat Ritter 100 verschiedene Weihnachtsartikel zu bieten, vor allem Marzipan ist gefragt. Das gibt es als Kartoffeln, Rettiche, Gugelhupf oder Brezeln.

Der Verkauf in der Bahnhofstraße brummt. 1923 beschließen die Ritters, einen zweiten Laden am Wilhelmplatz zu eröffnen. Alfred kümmert sich weiter um die Produktion, Clara schmeißt jetzt beide Läden. Auf Handkarren werden die Produkte in die nahe liegenden Geschäfte geliefert. Exportiert wird – außerhalb von Stuttgart – per Pferdewagen. 1926 schafft Alfred Ritter zudem den ersten Firmenlastwagen an. Die Ritters beschäftigen mittlerweile 80 Mitarbeiterinnen und Mitarbeiter. Die Schwelle vom Handwerksbetrieb zum Unternehmen mit Massenproduktion ist damit längst überschritten. Dennoch wird weiterhin viel in Handarbeit erstellt, daher auch die hohe Zahl an Beschäftigten; meist sind es weibliche Kräfte.

Umzug nach Waldenbuch

Die Ritters kommen geschäftlich gut durch die Weimarer Zeiten. Sogar als 1929 und 1930 wegen Weltwirtschaftskrise und Börsencrash viele Betriebe schließen müssen, expandiert Ritter weiter. Eine Fabrik mit großem Firmengelände in Waldenbuch steht zum Verkauf, und die Ritters schlagen zu. Sie kaufen es für 156 000 Reichsmark – ein gewagtes Unterfangen, denn die Zeiten sind unsicher.

Aber die Expansion ist gut kalkuliert. Das Gelände, im romantischen Aichtal im

Die erste „Sport"-Schokolade von 1932.

heutigen Landkreis Böblingen gelegen, hat alles, was Ritter braucht: eine große Produktionshalle, ein Wohnhaus, eine Halle für die Last- und Pferdewagen und sogar einen Hühnerstall. Auch Obst- und Gemüsegärten sind vorhanden, um die sich Clara nebenbei kümmert. Die Schwaben, die gern ihre eigenen Abkürzungen erfinden, nennen die Fabrik seitdem schlicht „die Schokolade". Heute ist Ritter das Markenzeichen der Kleinstadt, die Firma allein gibt zehn Prozent der Waldenbucher einen Arbeitsplatz. Offizieller Umzugstag ist der 1. Juli 1930.

Der Start in Waldenbuch ist schwierig. Die Weltwirtschaftskrise spitzt sich zu und verunsichert die Menschen. Ritter setzt weniger ab. Die Produktion steht sogar zeitweise still. So hatten sich die Ritters ihre neue Zeit in Waldenbuch nicht vorgestellt. Bad Cannstatt spielt auch noch eine Rolle: Die Mitarbeiter aus der Stadt werden Tag für Tag herübergefahren nach Waldenbuch, keiner hat wegen des Umzugs seinen Job verloren. Zudem wird das Stammhaus in Bad Cannstatt als Lager und Laden genutzt (bis 1970).

Das Quadrat wird geboren

1932 kommt Clara Ritter dann die eine große Idee: eine Schokolade in quadratischer Form. Sie hat diese Idee auf dem Fußballplatz Waldenbuch gleich neben dem Firmengelände. Die Fans – Fußball ist damals schon Sport Nummer eins – können ihre großen, unhandlichen Schokoladen, die sie als Nervennahrung brauchen, immer schlecht transportieren. „Machen wir doch eine Schokolade", so Clara Ritter, „die in jede Jackentasche passt, ohne dass sie bricht, und das gleiche Gewicht hat wie die normale Langtafel." Der Familienkreis ist begeistert, die Idee kommt an. „Ritter's Sportschokolade" ist geboren, bis heute unter „Ritter Sport" jedem bekannt. Schokolade und Sport – diese gewagte Assoziation ist bis dato unbekannt.

Die Ritters sind auch findig und fortschrittlich, was Markenwerbung angeht. Für die „Sportschokolade" wird alsbald im Kino, auf Plakaten und in Schaufenstern geworben. Ritter ist ein Vorreiter in der Reklame. Das Quadrat gibt es am Anfang in Vollmilch, Trauben-Nuss und Mokka. Glücklicher Nebeneffekt: Weil die Quadratschokolade dicker ist, passen nun auch ganze Nüsse hinein.

Die gefüllten Sorten werden in der Zeit noch von Hand umhüllt. Die Massivscho-

Ritter Sport Vollmilch-Quadrat von 1960.

kolade wird in Cellophan eingewickelt und offiziell mit Pinsel und Wasser verschlossen. „In Wirklichkeit jedoch, wie uns einige ehemalige Mitarbeiterinnen verraten haben, durch Schlecken", wie die Jubiläumsschrift unverblümt preisgibt.

Der Erfolg der neuen Form stellt sich jedoch nicht sofort ein. Erst seit den 50er-Jahren ist das quadratische Produkt der wirkliche Verkaufsschlager. „So fristete denn auch die Sportschokolade ein bescheidenes Dasein als ein Artikel in einem mehr als hundert Artikel umfassenden Sortiment", schreiben die Chronisten der Jubiläumsschrift.

In der zweiten Hälfte der 30er-Jahre wird es für Ritter immer schwieriger, Rohstoffe zu beschaffen. Die nationalsozialistische Regierung hat die Einfuhrmengen begrenzt, Ritter kommt mit Kakao und anderem nicht hin. Alfred Ritter versucht daher, mit nichtkakaohaltigen Produkten wie Geleeartikeln Umsatzeinbußen abzufangen. Zudem macht er unkandierten Fondant, weiche Zuckerware in Pralinenform, und Erfrischungsstangen. Sie werden von den Verbrauchern angenommen – auch, weil es nichts anderes gibt.

Mit Ausbruch des Zweiten Weltkrieges im Herbst 1939 geht es mit der Produktion weiter bergab. Immer weniger Rohstoffe darf Ritter noch bestellen, zudem müssen viele Mitarbeiter an die Front. Die Firma wird 1940 stillgelegt. An diesem Punkt hätte die Geschichte der Ritters fast ihr trostloses Ende gefunden. Zwischenzeitlich wird die Fabrik sogar von anderen Unternehmen in Anspruch genommen. Die AEG stellt hier Ersatzteile für Kriegswaffen her. Andere Firmen benutzen Ritter-Hallen als Lager. Die Firma Ries & Hetzel stellt Zahnpasta her, sogar noch nach Ende des Krieges.

1946 – es geht weiter

Schluss. Ende. Aus. War's das? Im Sommer 1945 muss sich Alfred Ritter fragen, ob die Marke wieder auferstehen kann. Das Fabrikgebäude ist noch intakt. Ritter ist im Krieg im Vergleich zu anderen Industrieunternehmen nicht bombardiert worden – Schokolade ist unverdächtig. Auch die aus Vorkriegsjahren stammenden Maschinen sind erstens noch da und laufen zweitens noch. Und auch die einstigen Mitarbeiter gibt es noch. Zu ihnen kommen Heimatvertriebene, die sich in Waldenbuch niederlassen und händeringend einen Job suchen.

Doch das Wesentliche fehlt: Kakao. Auch Zucker ist rationiert. An einen funktionierenden Rohstoffhandel ist nach dem Krieg nicht zu denken. Alfred Ritter greift wieder zum unkandierten Fondant, fertigt Nährstangen und Mohnpackungen. Das ist nicht

Konzentration aufs Quadrat: Gießanlage für die „Ritter-Sport" in den späten 60er-Jahren.

Werbemotiv aus den 70er-/80er-Jahren.

unbedingt lecker, hilft aber vielen hungernden Menschen. Die Nährstangen werden zur Schülerspeisung produziert. Auch Verpackungsmaterial ist nicht vorhanden. Dieses ist nur gegen Papiergutscheine zu haben. Die Kunden müssen daher teils das Papier zum Verpacken bei der Abholung selbst mitbringen.

Die Stimmung ist dementsprechend auf dem Tiefpunkt. Ritter möchte wieder richtig loslegen, aber er kann nicht. Die Umstände lassen es nicht zu. Der Frust über das unmenschliche Leid des Krieges, die traurigen Menschen, die fast brachliegende Produktion. Zu allem Überdruss brennt 1947 auch noch das Lagergebäude ab.

Sohn Alfred – in der Firma später würdevoll Alfred Ritter II genannt – ist immer noch in Kriegsgefangenschaft. Der Junior war bereits 1931 in den elterlichen Betrieb eingetreten, um das Handwerk zu erlernen. Doch bei Ausbruch des Krieges wird er von der Wehrmacht eingezogen. Nur eine Übung, heißt es. Acht Jahre später erst, 1947, kommt er kriegsverletzt nach Hause. Was er sieht, fasst er so zusammen: „Bevor die Währungsreform kam, war einfach niemand zum Arbeiten zu bewegen, jedenfalls nicht für Geld."

Die Währungsreform am 20. Juni 1948 bringt dann tatsächlich die Wende. Das Geschäft lohnt sich jetzt für die Ritters und die Beschäftigten wieder. Die ersten 18 000 Tonnen Rohkakao für die Westzonen treffen Ende 1949 ein. Von 1950 an steht Kakao ohne Beschränkung zur Verfügung. In dem Jahr macht Ritter vier Millionen D-Mark Umsatz. Es ist ein Wirtschaftswunder. Die Leute wollen nach all den tragischen Erlebnissen wieder etwas aufbauen, etwas erschaffen, dafür arbeiten sie hart. Sie wollen aber auch genießen dürfen, Freizeit haben, in den Urlaub an die italienische Adria fahren. Die Sportschokolade kommt wieder und ist erfolgreicher denn je.

Marketing par excellence

In der Markenführung und der Werbung hat Ritter Sport Geschichte geschrieben. Zum 75-jährigen Jubiläum heißt es in Abwandlung des Kommunikationswissenschaftlers Marshall McLuhan: „Für Ritter ist das Quadrat die Botschaft." Ein Bekanntheitsgrad von mehr als 90 Prozent zeugt davon.

Die Ritters gehen in den 50er- und 60er-Jahren unkonventionelle Wege und machen sogar Flugzeugwerbung. Die Fotos erinnern an die heutige Trendmarke „Red Bull" und ihre Flieger, nur ist Ritter 50 Jahre früher dran. Viele Plakate mit Sprüchen, die aus heutiger Perspektive unfreiwillig kurios klingen, finden sich zudem im Archiv Ritters in Waldenbuch.

Das Zeitalter des Fernsehens beginnt, und auch da haben sie gleich passende Werbesprüche: „Mit Ritter Sport kann ich das auch." Auch dieser Slogan wird übrigens zu einem geflügelten Wort und hat längst einen Eintrag im „Lexikon der Werbesprüche". In einem anderen Werbespot lässt Ritter das Stuttgarter Staatsballett mit Primaballerina Birgit Keil tanzen.

Tod und Nachfolge

Marli Hoppe-Ritter und Alfred T. Ritter, Eigentümer der dritten Generation.

Die erfolgreichen 50er-Jahre kann Alfred Eugen Ritter nur noch kurz genießen. Der Seniorchef und Firmengründer stirbt am 8. April 1952 im Alter von 66 Jahren. Die Leitung des Betriebs übernimmt umgehend der einzige Sohn. Mutter Clara arbeitet trotz ihres Alters viel mit. Sie erledigt Angelegenheiten der Geschäftsführung und leitet das allseits beliebte „Lädle" in Waldenbuch. Clara Ritter stirbt am 15. März 1959 im Alter von 82 Jahren. Sohn Alfred Otto Ritter wahrt die Kontinuität. Er haucht dem Unternehmen neues Leben ein. Seit den 60er-Jahren konzentriert sich Ritter kompromisslos auf das Schokoladen-Quadrat, schafft Langtafeln und Pralinen und alles andere ab. Das Quadrat steht im Mittelpunkt.

1970 wird dann von der Stuttgarter Werbeagentur Dewe und dem Markenberater Michael Grashoff der Kultspruch „Quadratisch. Praktisch. Gut." erfunden, was dem Siegeszug noch mehr Rückenwind verleiht. Zehn Jahre später wird das Quadrat auch als Marke gegenüber der Konkurrenz geschützt. 1984 ist jede fünfte Schokolade, die in Deutschland verzehrt wird, von Ritter Sport.

Die quadratische Schokolade gibt es heute in allen möglichen Varianten – vom putzigen Minischoki bis zum 250-Gramm-Koloss. Das Problem, zu viele Artikel anzubieten, ist gerade in der Süßwarenindustrie nicht unbekannt. Ritter macht es anders. Heute ist die dritte Generation – die Enkel des Gründerehepaars – am Ball: Alfred Theodor Ritter führt das Unternehmen als Geschäftsführer seit dem Jahr 2005, Schwester Marli Hoppe-Ritter leitet den Beirat und kümmert sich um soziale Engagements. Sie beide sind die Gesellschafter der Firma, deren Kinder – insgesamt fünf - sind auch bereits beteiligt.

Wie die Großeltern sind auch sie besonders. Hoppe-Ritter studiert erst Jura, arbeitet als Rechtsanwältin und gründet 1976 das zweite selbstverwaltete Frauenhaus Deutschlands, bevor sie sich dem Familienunternehmen widmet. Alfred Ritter studiert Psychologie, eröffnet eine Praxis und behandelt Patienten nach der bioenergetischen Methode. Dann macht er sich als Unternehmer selbstständig und produziert Ökoenergieanlagen. Noch heute sind erneuerbare Energien ein bedeutendes Investitionsfeld Alfred T. Ritters.

2012, im Jahr des 100-jährigen Bestehens, schafft Ritter neue Spitzen mit 60 000 Tonnen produzierter Schokolade binnen zwölf Monaten. „Es freut uns sehr, dass wir zum 100. Geburtstag einen Rekordumsatz melden können", sagt Alfred Ritter. 330 Millionen Euro werden erwirtschaftet, schwarze Zahlen geschrieben.

Die Schokolade, so viel ist sicher, wird bei Ritter immer quadratisch bleiben, so wie es sich die Gründer einst ausgedacht haben. Runde Ritter-Tafeln – niemals. Und über allem steht die Ehe der beiden: Schokolade macht glücklich!

Tafelstapel Ritter Sport (Werbemotiv).

Georg Allgaier

geboren am 12. Mai 1882 in Hattenhofen
gestorben am 26. Oktober 1946 in Uhingen

Ein Leben voller Ideen

Eine Straße, die in Uhingen von der Schorndorfer Straße abzweigt, trägt seit mehr als 50 Jahren den Namen Georg Allgaiers. In der Stadt weiß natürlich jeder, dass es sich dabei um den Gründer der Allgaier Werke handelt. Der Autozulieferer und Maschinenbauer Allgaier ist der größte Arbeitgeber Uhingens. Stadt- und branchenfremde Gesprächspartner rätseln dagegen, wer oder was Allgaier ist. Auch als einer der wichtigsten Autozulieferer in Baden-Württemberg drängt das Unternehmen selten ins Rampenlicht und ist vielen kein Begriff. Bei Allgaier schafft man lieber, statt dauernd die Werbetrommel zu rühren.

Auch der Firmengründer selbst, Georg Allgaier, ist zeit seines Lebens eher eine unbekannte Größe in der Öffentlichkeit geblieben. Bis heute hat Georg Allgaier keinen eigenen Eintrag im Online-Lexikon Wikipedia, es gibt weder Biografien noch Zeitschriftenporträts über ihn. Innerhalb des schwäbischen Industriellenkreises hatte Georg Allgaier aber sehr wohl einen Namen. Er war mit Robert Bosch bekannt, machte Geschäfte mit Ferdinand Graf von Zeppelin und belieferte Geschäftspartner wie Claude Dornier und Carl Benz.

40 Jahre lang hat er seinen Betrieb selbst geleitet, der sich inzwischen als großer Systemlieferant für die Automobilindustrie zu einer internationalen Firmengruppe mit fast 1900 Mitarbeitern entwickelt hat.

Kurz nach dem Zweiten Weltkrieg kam Georg Allgaier durch einen plötzlichen Unfall auf tragische Weise ums Leben. „Dazwischen", so urteilte die „Neue Württembergische Zeitung" wenige Tage nach seinem Tod, „lag ein Leben voller Tatkraft und Ideen."

Zwei Glücksgriffe

Streng genommen ist Georg Allgaier gar kein Uhinger, er ist Hattenhofer. Zwischen den Orten liegen aber nur sieben Kilometer. In dem kleinen Dörfchen im schwäbischen Albvorland bei Göppingen wird er an einem Freitag im Mai im Jahr 1882 geboren. Die Familie hat einen Hof, Georg wächst in bäuerlichen Verhältnissen auf. Lange Zeit kennt er nur das Dorfleben Hattenhofens.

Doch Georgs innerer Blick weitet sich, der Heranwachsende überlegt, was ihm das Leben bringen könnte. Landwirt wie seine Vorfahren und Verwandten – das will er jedenfalls nicht werden, so viel steht für Georg fest. Er muss weiter und höher hinaus.

Georg Allgaier beginnt – statt Bauer zu werden – eine Schlosserlehre. Das Schlossern liegt damals voll im Trend und wird als Dienstleistung von den aufstrebenden Firmen immer mehr in Anspruch genommen. Die Industrialisierung legt Ende des 19. Jahrhunderts ein rasantes Tempo vor,

Fertigung von Karosserieteilen 1956.

Luftaufnahme Allgaier Werke Uhingen heute.

Hier fängt alles an: Wassermühle in Hattenhofen als erste Werkstatt.

und Georg Allgaier hat den Willen, mitzuhalten. Er bildet sich deshalb weiter, nach der Schlosserlehre kommt noch eine Werkzeugmacherausbildung dazu. Das wird sich später als weise und vorausschauend herausstellen.

In dieser Phase der Industrialisierung vergeht in der schwäbischen Region kein Tag ohne Betriebsgründung. Auch Georg Allgaier hat Unternehmermut. Es ist der 15. April 1906: Georg Allgaier stellt eine Drehmaschine in der elterlichen Waschküche auf und eine weitere kleine Hobelmaschine in einer Scheune in Hattenhofen – das ist sein Betrieb.

Allgaiers festes Ziel: Er will in Eigenregie Schnitt- und Stanzwerkzeuge produzieren, die in der Industrie gebraucht werden. Und er ist fest davon überzeugt, mit diesem Handwerk sein Brot – und noch viel mehr – verdienen zu können. Auf seinen beiden Maschinen fertigt er zunächst einfache Werkzeuge an. Die ersten gut gemachten Arbeiten sind sein Aushängeschild. Sie bringen ihm schnell Nachfolgeaufträge ein. Die gute Konjunktur der Gründerzeit spielt ihm dabei in die Hände. Die ersten Erfolge stellen sich ein.

Seine Räumlichkeiten sind in den Anfangsjahren nichts Halbes und nichts Ganzes. Georg Allgaier braucht mehr Platz. In seinem Heimatdorf erwirbt der Jungunternehmer deshalb eine zum Verkauf stehende Wassermühle und richtet dort seine Werkstatt ein. Jetzt hat er größere Räume, und die Wasserturbine der Mühle kann er zur Stromerzeugung nutzen. 1908, zwei Jahre nach der Betriebseröffnung, findet Georg Allgaier auch privat sein Glück. Immerhin ist er nun auch schon gestandene 26 Jahre alt. Er heiratet Martha Mayer aus dem nahe gelegenen Dorf Pliensbach.

Die Hochzeit findet gegen den Willen des vermögenden Schwiegervaters statt. Der Pliensbacher Landwirt will einfach einen Bauern für seine Tochter und nichts Neumodisches. Doch der Alte hat keine Chance, zwischen die beiden jungen Verliebten passt kein Blatt Papier. Sie setzen sich durch, wohl auch, weil beide ohnehin einen enormen Dickkopf haben. Martha war „eine ebenso ausdauernde wie willensstarke Persönlichkeit“, erinnert eine Firmenchronik an die Gattin. Der Nachwuchs lässt nicht lang auf sich warten: Am 5. März 1909 wird Sohn Erwin geboren, ein Jahr später, am 7. April 1910, kommt Oskar auf die Welt.

Martha ist überhaupt ein Glücksgriff für den Jungunternehmer. Sie macht sich in dem Zwei-„Mann“-Betrieb gut. Wenn der Gatte mit dem Fahrrad übers Land fährt, um neue Aufträge zu holen, erledigt sie den Schreibkram im Büro und verhandelt mit den Banken über Kredite für geplante Investitionen. Dabei tritt die junge Frau entschieden bis resolut auf und erarbeitet sich den Respekt der Männerwelt.

Expansion mit Pressen

Seine erste Presse kauft Georg Allgaier 1910, um nun kompliziertere Scheinwerferstutzen und Kleinpressteile herzustellen; im Anfangsjahr baute er im Grunde bloß einfachste Stanzwerkzeuge. Mit der Presse vergrößert sich Allgaier schnell: Zu seinen Klienten gehören mittlerweile aufstrebende schwäbische Unternehmer wie Robert Bosch, der kurz zuvor die Zündkerze erfunden hat. Erst 1911 erfolgt für die Firma der Eintrag ins Handelsregister unter dem Namen „Württembergische Schnitt- und Stanzwerkzeug-Fabrik Georg Allgaier“. In dem Jahr wird auch der erste Mitarbeiter eingestellt. Georg Allgaier muss bereits anbauen und neue Maschinen bestellen. Langsam wird aus der Werkstatt ein richtiger kleiner Betrieb.

1913 wird eine Räderziehpresse angeschafft, damit Allgaier noch exakter stanzen kann. Es verschafft ihm einen entscheidenden Vorteil gegenüber dem Wettbewerb. Doch dafür braucht er auch gute Leute, die die Pressen bedienen können. Ringsherum wohnen aber nur Bauern. Der Chef muss deshalb eigens Facharbeiter von weit her holen. Der „Fachkräftemangel“ – ein Schlagwort des 21. Jahrhunderts – ist ihm bereits ein Begriff.

Produktion in Kriegszeiten: Karosseriefertigung anno 1918.

Auch über anderes ärgert sich Georg Allgaier immer wieder. Zum Beispiel über seinen Standort wegen des mühsamen Versands der Produkte. Es ist die reinste Plackerei, die schweren Teile von der Wassermühle jedesmal zur Bahnstation transportieren zu müssen.

Der Ausbruch des Ersten Weltkriegs verändert auch für den Unternehmer alles. Georg Allgaier wird schon Ende 1914 zum Militär eingezogen, bald darauf aber für die Wirtschaft dienstverpflichtet. Er arbeitet fortan bei der Münchner Ingenieursfirma Göggel & Sohn. Es ist wiederum seine starke Frau Martha, die den eigenen Betrieb im Filstal in den schlimmen Jahren erfolgreich weiterführt.

In der Zeit des Ersten Weltkriegs muss die Firma Allgaier auch Aufträge aus der Rüstungsindustrie übernehmen. So fertigt das Unternehmen unter anderem Geschützkartuschen aus Stahl. Es folgen Werkzeuglieferungen für die im Rüstungsgeschäft tätigen Bodensee-Unternehmen Zeppelin und Dornier. Georg Allgaier bekommt davon wenig mit. Erst kurz nach Kriegsende Ende 1918 kehrt er aus Oberbayern in die schwäbische Heimat zurück. Und er staunt nicht schlecht: Die Firma hat mittlerweile 20 Beschäftigte und stellt gerade seinen ersten Lehrling ein. Allgaier ist schuldenfrei, und die Auftragsbücher sind gut gefüllt. Schon 1919 wird für Georg Allgaier trotz der Nachkriegswirren ein gutes Jahr – dank Martha.

Es geht nach Uhingen

Schnell entwickelt sich der Betrieb. Die alte Wassermühle in Hattenhofen wird zu klein. Die Allgaier Werke werden deshalb vom Chef schon unmittelbar nach dem Krieg nach Uhingen verlagert. Dort nutzen die Allgaiers die Chance, das Terrazzo-Fliesenwerk übernehmen zu können. Das hat einen Gleisanschluss, der Transport der schweren Werkzeuge wird deutlich erleichtert. Allgaier produziert mittlerweile auch komplizierte Zieh- und Folgewerkzeuge. Es werden aber auch Weckerglocken, Fahrradständer und Federgehäusekapseln für Telefonapparate gemacht – was man halt so braucht nach der schweren Zeit. Übrigens wird bei Allgaier alles ohne Zeichnungen umgesetzt, die Werkzeugmacher verstehen sich immer auch als ihre eigenen Konstrukteure.

Die Weimarer Zeiten aber bleiben wirr, es ist ein wirtschaftliches Auf und Ab. Mit Rezession und Hyperinflation bis ins Jahr 1923 hinein werden auch die Sorgen in der eigenen Firma wieder größer. Erst die Umstellung der alten Reichsmark auf die neue Rentenmark bringt wieder Ruhe und Kontinuität in den Betrieb. Doch es bleibt eine Scheinblüte.

Vom Handwerk zur Industrie

Allgaier macht große Schritte in diesen Jahren. Das Unternehmen entwickelt sich vom Handwerksbetrieb zu einem Industrie-

Neues Geschäftsfeld nach dem Krieg: Traktorenfertigung 1946.

unternehmen. Georg Allgaier gilt als Pionier bei der Umformung von Blechteilen. Vor dem Durchbruch des Maschinenbaus wurden die Blechteile noch von Hand geklopft. Nun macht das Allgaiers Maschine. Georg Allgaier legt einen Fokus auf das Formen von Blechen für Elektromotoren. Die ersten Lieferungen von Karosseriewerkzeugen gehen an die Firma Benz & Co. in Mannheim. Die Automobilindustrie ist in diesen Jahren stark im Aufwind, und Georg Allgaier geht den Weg mit.

In den 1920er-Jahren knüpft der Schwabe enge Bande zu ausländischen Kunden, vor allem zur französischen Automobilindustrie. Autofabriken wie Citroën in Paris, Mathis in Straßburg und Peugeot in Montebeliard stehen auf seiner Kundenliste. 1928 werden erste größere Karosseriewerkzeuge nach Belgien und Frankreich ausgeliefert, etwa zur Fabrique National im belgischen Liège. Auch die deutschen Hersteller bestellen bei Allgaier die neuen Pressteile.

1927 schafft sich Georg Allgaier – übrigens gegen größte Bedenken seiner Frau – eine hydraulische Tiefziehpresse an. Damit können große Blechteile und große Werkzeuge hergestellt werden. Es ist eine gute Investition. Der clevere Firmeninhaber weiß eben, wie er die Konkurrenz immer vor sich hertreibt. Und er versteht auch schon etwas von Werbung in eigener Sache: 1931 gibt Allgaier zum 25. Firmenjubiläum einen Prospekt in gleich vier Sprachen heraus. Die Broschüre macht deutlich, wie groß die Produktpalette zu dem Zeitpunkt ist. Allgaier ist mehr als nur Autoteile: Die Palette reicht von Lautsprecherdeckeln für die Radioindustrie bis hin zu Stanzwerkzeugen für Motorradteile.

Der Firmenchef baut um

Doch die nächste Weltwirtschaftskrise wartet schon. 1929 krachen die Börsenkurse zusammen, in der Folge kollabiert die Realwirtschaft. Die Jahre bis 1933 sind dementsprechend auch für Allgaier äußerst schwierig. Die Lage ändert sich aber wieder, als die NSDAP die Macht übernimmt. Die oktroyierte NS-Planwirtschaft und die beginnende militärische Aufrüstung bringen Allgaier Aufträge ein.

Der Firmenchef reagiert auf die neue Situation. Er trennt sein Unternehmen in die zwei Sparten Presswerk und Werkzeugbau. Mit einem Kapital von 160 000 Reichsmark geht die Allgaier Werkzeugbau GmbH an den Start. Die Werke für Presswerk und Werkzeugbau harmonieren in strategischer Hinsicht, denn so kann Allgaier mit selbst gebauten Werkzeugen die Pressteilaufträge der Autobranche durchführen. Eine gute Kombination. Zudem setzt der Gründer seinen Nachwuchs ein: Sohn Erwin übernimmt 1938 die Gesamtleitung des Unternehmens – im Alter von nur 29 Jahren. Oskar leitet den kaufmännischen Bereich.

Zu dieser Zeit tritt auch Otto Hundt ins Unternehmen ein. Hundt ist ein Freund von Erwin, die beiden haben gleichzeitig das

Werkzeugbearbeitung auf horizontalem Bauwerk.

Ingenieurstudium der Maschinenbauschule Esslingen absolviert. Der Name Hundt wird später noch von großer Bedeutung für das Unternehmen werden: Otto Hundts Sohn Dieter Hundt wird in den 70er-Jahren Unternehmenschef und Anteilseigner von Allgaier.

Erwin Allgaier beweist zu seinem Start als Werkschef Verhandlungsgeschick und bekommt bei der Reichsbahn einen Fuß in die Tür. Die Fertigung von Bremszylindern und Tragrahmen für die Züge wird bald den Hauptumsatz des Unternehmens ausmachen. Später heiratet Erwin übrigens Elsbeth Kaelble. Sie ist die Tochter von Senator Karl Kaelble aus Backnang.

1937 treten seine Söhne Erwin und Oskar – bisher Geschäftsführer – auch als verantwortliche Teilhaber ins elterliche Geschäft ein. Der Vater kann ein wenig kürzer treten. Der ansonsten bescheidene Georg Allgaier gönnt sich nun auch etwas Luxus: 1937 lässt er sich eine Villa in der Schorndorfer Straße bauen.

Mit Beginn des Zweiten Weltkriegs im September 1939 werden aus kleinen Problemen große Probleme. Denn Allgaier ist jetzt nicht mehr Herr seines eigenen Unternehmens. Nun wird in der Firma gebaut, was Hitler will. Kriegsgefangene und Fremdarbeiter werden nach Uhingen geschickt. Sie sollen die Produktion bei Allgaier sichern. „Mit dem Ausbruch des Krieges musste auch in Uhingen die Fertigung auf Rüstungsgüter umgestellt werden", heißt es dazu in der Chronik. Die Produktion für die Autoindustrie kommt zum Stillstand. Stattdessen müssen 500-Kilogramm-Bomben gebaut werden, Verpackungsrohre für Geschosse verlassen das Werk. Von 1941 an kommen 250-Kilo-Bomben hinzu, die mit staatlichen Mitteln finanziert werden. Der Firmenteil für die Bomben wird zur „Allgaier KG" umfirmiert; so entsteht ein dritter Unternehmenszweig. Georg Allgaier muss es zähneknirschend hinnehmen. Die Fremdarbeiter werden bei Allgaier gut behandelt, dafür sorgt schon allein Martha. Georg Allgaier legt sich sogar mit den Behörden an, weil er nach deren Meinung „zu viel" Heizmaterial und Kartoffeln für die Arbeiter verbraucht.

Der Krieg ist aus

1945 besetzt die amerikanische Armee die drei Allgaier-Werke. Der Krieg ist aus, die kriegsbedingte Produktion auf einen Schlag beendet, die Arbeiter haben nichts mehr zu tun. Georg Allgaier muss abermals umdenken – und seine Firma irgendwie umgestalten.

Handbearbeitung eines Werkzeuges in den 50er-Jahren.

Fräsbearbeitung bei Allgaier Anfang der 50er-Jahre.

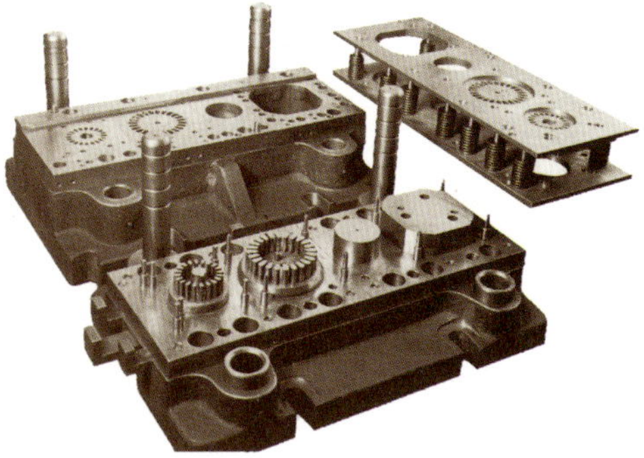

Folgewerkzeuge, wie sie heute aussehen.

Die Familie Allgaier will den Beschäftigten Arbeit geben, das ist jetzt das Wichtigste. Unter anderem lässt sich Georg Allgaier einen Ein-Zylinder-Traktor einfallen, der mit Wasser gekühlt wird und immerhin 18 PS leistet. Es ist Allgaiers erste Nachkriegsentwicklung und findet Anklang bei den Landwirten in der Umgebung. Denn es herrscht bei der Grundnahrungsversorgung überall Not. Die Uhinger warten die Konzession der Amerikaner daher gar nicht erst ab und legen einfach los.

Mit Traktoren begründet Georg Allgaier überhaupt ein neues Geschäftsfeld, sie machen den Namen Allgaier bei eingefleischten Trecker-Fans weltweit bekannt. Den Traktorenbau betreibt er unter anderem gemeinsam mit Porsche, um die Idee eines Volksschleppers zu verwirklichen. Allgaier gilt als Geburtshelfer der Porsche-Schlepper. Heute sind Traktoren und Schlepper von Allgaier für die Anhänger wahre Klassiker und auf Ausstellungen in aller Welt zu sehen.

Plötzlicher Tod

Georg Allgaier hätte diese Phase sicher gern mitgeprägt. Doch dann, mitten im Leben, verunglückt der Unternehmer. Er ist bei der Arbeit, als ihn ein schwerer Kohlenwagen gegen eine Hauswand drückt. Die Quetschungen sind tödlich. Ein tragischer Tod mit 64 Jahren. In der Nachkriegszeit hätte Georg Allgaier nach all den Mühen vielleicht endlich zur Ruhe kommen können, in den 50er-Jahren noch den internationalen Aufstieg seines Unternehmens erleben können. Doch es ist ihm nicht vergönnt.

Die Söhne machen nach seinem Tod weiter. In etwas schwächeren Konjunkturphasen bekommen sie aber immer wieder große wirtschaftliche Probleme. Sie suchen sich Hilfe und finden sie in Dieter Hundt. Er leitet das Unternehmen von 1975 an – und zwar sehr erfolgreich. Der Allgaier-Clan hat demnach keinen Fehler gemacht, sich familienfremde Hilfe ins Haus zu holen.

Dieter Hundt ist heute Aufsichtsratschef und Teilhaber. Das Unternehmen befindet sich zur Hälfte in Familienbesitz bei Georg Allgaiers Enkelin Ulrike. Die andere Hälfte

Blechfertigung einer neuen Tryoutpresse im Jahr 2012.

Besuch der Bundeskanzlerin Angela Merkel anlässlich des 100-jährigen Bestehens von Allgaier 2006 (rechts Allgaier-Chef Dieter Hundt).

besitzt Dieter Hundt. Einer breiteren Öffentlichkeit bekannt ist der Esslinger auch als Präsident der Bundesvereinigung der Deutschen Arbeitgeberverbände und Aufsichtsratsvorsitzender des Vereins VfB Stuttgart.

Heute ist das Unternehmen Allgaier ein Autozulieferer und Maschinenbauunternehmen von Weltruf, so wie es sich der Gründer gewünscht hat. Nach der Finanzmarktkrise hat sich Allgaier 2011 wieder berappelt und weist für das Geschäftsjahr sogar einen Rekordumsatz aus.

Mittlerweile ist Allgaier bundesweit ein Begriff: Zum 100. Jubiläum im Jahr 2006 sprach im Filstal keine geringere als Bundeskanzlerin Angela Merkel.

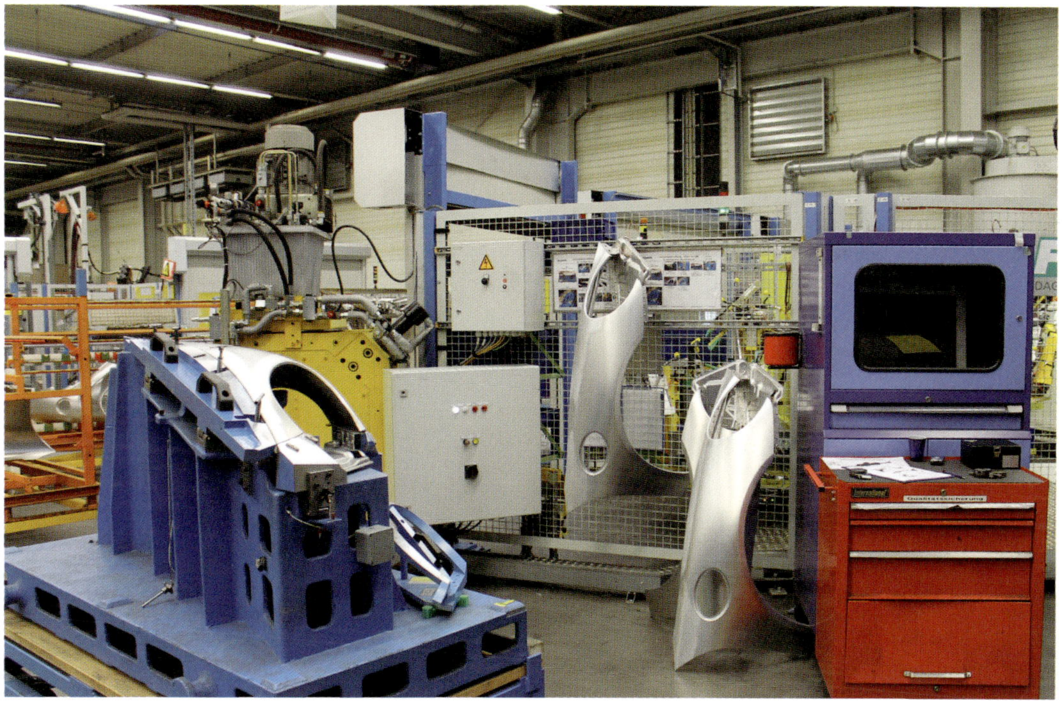

Allgaier fertigt Kotflügel für alle namhaften Autohersteller.

Albert Leitz

geboren am 5. Januar 1854 in Oberkochen
gestorben am 14. Dezember 1916 in Oberkochen

Im Anfang war das Holz

Albert Leitz hat nie halbe Sachen gemacht. Der selbstbewusste Handwerker verfolgte sein Metier von Anfang an mit Bestimmtheit und Verve. Davon zeugt noch heute sein gut erhaltenes „Tagebuch für Albert Leitz über Eingänge und Ausgänge". Gleich am ersten Tag seiner Selbstständigkeit, dem 4. November 1876, trägt der Betriebsinhaber in Schönschrift seinen ersten Kunden ein: „G. Baldauf" aus Stuttgart bestellt „6 Stück Handgriffbohrer". An den darauffolgenden Tagen gehen weitere Aufträge ein, alles feinsäuberlich notiert. Ein Betrieb, der fraglos vom ersten Tag an unter professioneller Führung stand.

So baute der Oberkochener Albert Leitz aus kleinsten Anfängen ein Weltunternehmen auf. Die Leitz GmbH & Co. KG ist im 21. Jahrhundert ein international führender Hersteller von Werkzeugen zur maschinellen Bearbeitung von Holz und Kunststoffen – ein Hightech-Unternehmen, das Ingenieurskunst und Kundenverständnis verbindet.

Albert Leitz schlug am Anfang noch ausschließlich am Amboss jene Werkzeuge, mit denen wiederum andere Betriebe Holz bearbeiten konnten. Holz ist das hervorstechendste Merkmal des Kochertals. Hier, wo Leitz lebte, wurde immer schon mit Holz gearbeitet. Holz ist der älteste Werkstoff der Menschheitsgeschichte. Holz begleitet den Menschen seit Anbeginn.

Leben am Ölweiher

Albert wird Anfang 1854 in Oberkochen im oberen Kochertal geboren. Er ist der jüngste Sohn des schwäbischen Schwertschleifers Franz Friedrich Leitz. Der Vater war 1845 aus Esslingen am Neckar zugezogen, er hatte am „Ölweiher" ein kleines Anwesen erworben. In diesem Idyll betreibt der Vater eine Schleiferei, die mit einem mittelschlächtigen Wasserrad angetrieben wird. Die ostschwäbische Region des Kochertals ist zu der Zeit noch recht rau, aber auch im Begriff, die wichtigste Wirtschaftsachse der Ostalb zu werden.

Der junge Albert erfährt eine ausgiebige Lehre. Von 1868 bis 1871 ist er beim Lehrherrn Jakob Christoph Bäuerle in der Ausbildung, um die Kunst des Bohrermachens und das Zeugschmiedehandwerk zu erlernen. Albert Leitz fertigt in den Jahren Hand- und Nagelbohrer, Winden- und Schlangenbohrer, er lernt, was man wissen muss. Bäuerles Werkstatt ist eine gute Adresse: Jakob Christoph Bäuerle ist noch heute über die Grenzen des Kochertals hinaus bekannt als Begründer der Oberkochener Werkzeugindustrie – von ihm werden wir auch hier noch öfter lesen.

Albert Leitz ist ein „Bohrerspitzer", so werden zu der Zeit die Handwerker aus diesem Gewerk genannt. Er fertigt alles ohne mechanische Hilfsmittel. Eine schweißtreibende Arbeit: Das Schmiedefeuer macht die Werkstatt oft zu einem Glutofen, der Hammer liegt

Der Ölweiher im Jahr 1890 – und die Ansicht 122 Jahre später.

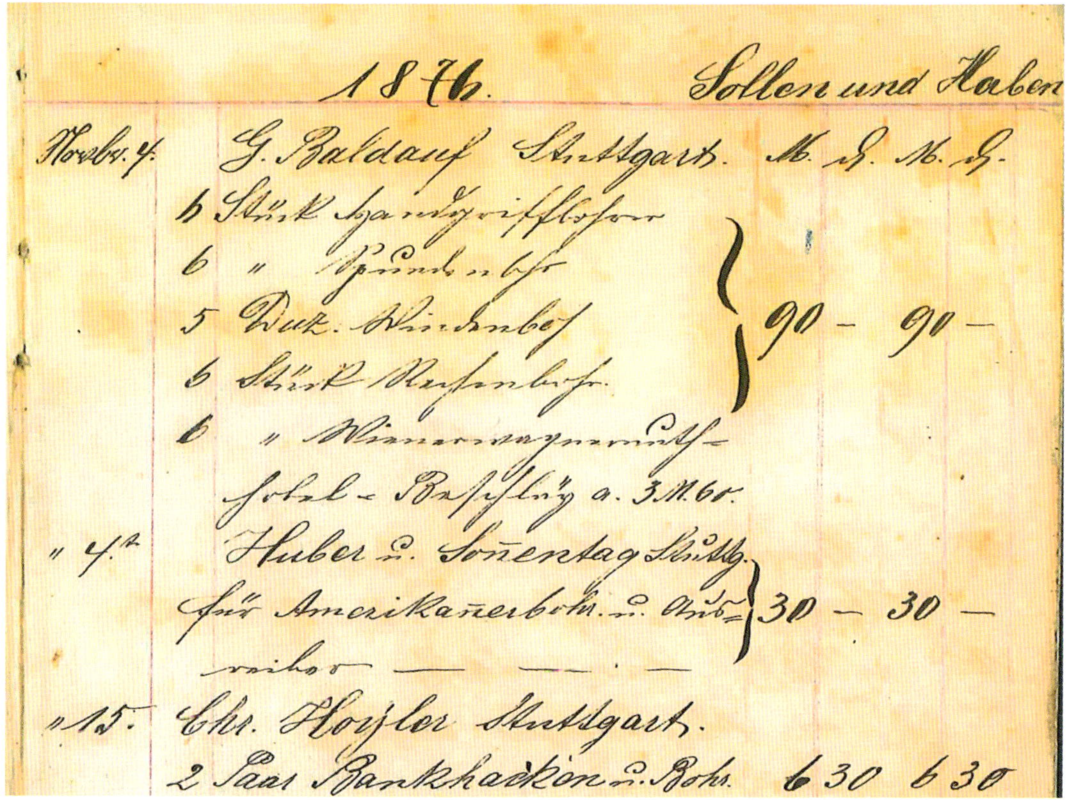
1876. Sollen und Haben

Erste Seite aus dem „Tagebuch für Albert Leitz über Eingänge und Ausgänge" von 1876.

schwer in der Hand, auf den Amboss wird den halben Tag lang draufgedroschen, der Schleifer muss ebenfalls manuell betrieben werden, und die Arbeit am Schmirgelbock ist nicht minder mühselig.

Nach erfolgreicher Beendigung der Ausbildung geht der Jüngling dem guten, alten Brauch nach auf Wanderschaft. Es führt ihn nach Stuttgart, nach Wien, Reichenberg bei Würzburg und nach Ingolstadt. Er ist lange unterwegs, fünf Jahre sind es. So sammelt er jede Menge Erfahrungen und bringt kostbares Wissen mit nach Hause. Es zeigt sich schon hier: Leitz ist ein „Käpsele" – ein kluger Kopf.

Der Mut des Unternehmers

Sein erworbenes Wissen macht ihn nur noch selbstbewusster. Albert Leitz entschließt sich ohne Zögern zum großen Schritt: Der junge Zeugschmiedemeister gründet 1876 seinen eigenen Betrieb. Gründungstag ist der 4. November. Sitz von Haus und Werkstatt ist die Kirchgasse in Oberkochen, heute Mühlstraße, wo katholische und evangelische Kirche nur einen Steinwurf voneinander entfernt stehen. Gleich neben Leitz in der Straße wirkt sein Lehrvater Bäuerle (1834 bis 1891).

Leitz will hoch hinaus. Er will Bohrer aller Art produzieren und alles, was sonst noch zur Holzbearbeitung gebraucht wird. Am Anfang baut er Handbohrer, Hobelmesser, Beile und einfachste Astbohrer. Auftraggeber sind alle, die Holz bearbeiten: Wagner, Zimmersleute und Schreiner. Schon ein Jahr nach der Gründung traut sich Leitz erste Exporte in die Schweiz zu. Bohrer gehen nach Zürich und Winterthur. Erfolg verbucht der Handwerksmeister mit seinem Betrieb von Beginn an. Leitz' Eintragungen lassen von Jahr zu Jahr deutliche Umsatzsprünge vermuten. Strebsam und selbstbewusst – so tritt Albert Leitz auf.

Belegschaft von Leitz um 1900, darunter die Söhne Albert (hintere Reihe, Dritter von links) und Fritz (vordere Reihe, Dritter von links).

Im Jahr 1881 bringt ihm die erstmalige Teilnahme an der Württembergischen Landesgewerbeausstellung eine „öffentliche Belobigung“ ein. Erfolg will seiner Ansicht nach auch honoriert sein, damit wird nicht hinterm Berg gehalten. In den 1880er-Jahren wird Albert Leitz seine Produkte immer wieder auf Messen, Ausstellungen und Wettbewerben in der Öffentlichkeit belobigen lassen. Er macht dem einstigen Lehrmeister Bäuerle mittlerweile direkte Konkurrenz. Keine einfache Situation. Doch Leitz löst es sehr elegant: Er heiratet Bäuerles Tochter. Anfang 1880, da ist Albert Leitz immerhin schon 26 Jahre alt, vermählt er sich glücklich mit Heinrike Bäuerle. Sie ist sechs Jahre jünger.

Bäuerle und Leitz sind nun vierfach miteinander verbunden: Bäuerle als Lehrherr, als Wettbewerber, als Nachbar, als Verwandter. Es dauert nicht lange und der erste Leitz-Sohn wird geboren: Albert Jr. kommt noch im Hochzeitsjahr 1880 auf die Welt, es folgen Fritz 1882 und Emil 1888.

Ausweitung am Weiher

13 Jahre nach der Betriebsgründung verkauft Leitz 1884 Haus, Grundstück und Werkstatt in der Kirchgasse an den Bohrermacher Michael Wirth. Denn der Unternehmer will auf das Grundstück am Ölweiher ziehen, auf dem Alberts Vater noch immer die klappernde Schleifmühle betreibt. Albert nutzt dort vor allem das „Städele“, das neben der Mühle steht, und baut es aus. Wasser ist nun das kraftspendende Element der Werkzeugmanufaktur Leitz. Der Unternehmer versteht die Energie der Karstquelle zu nutzen – ein großer Sprung gegenüber der rein händischen Produktion. Der Ölweiher ist noch heute Mittelpunkt des Unternehmens Leitz. Ein unterirdischer „Topf“ speist den Weiher, der stets sechs Grad hat, sommers wie winters. Seinen Namen hat der Weiher, weil hier vor vielen Generationen pflanzliche Öle, wahrscheinlich aus Bucheckern, produziert wurden.

Albert Leitz‘ Betrieb entwickelt sich prächtig am neuen Standort. Der Chef und seine ersten angestellten Bohrerspitzer verbreitern die Produktpalette stetig. Es wird gebaut, was gebraucht wird. Zum Programm gehören jetzt zum Beispiel recht fortschrittliche Spiral- und Schlitzbohrer. Die Produkte, die am Anfang eher einfache Handwerkskunst waren, werden jetzt komplizierter und ausgefeilter. Die eingerichteten Ausstellungsräume auf dem Leitz-Gelände erzählen diese Geschichten anschaulich.

1888 stirbt Albert Leitz‘ älterer Bruder Friedrich Franz. Und 1890 der Vater. Albert Leitz muss sich überlegen, wie es weitergeht. Er fasst nun am Ölweiher beide Betriebsstätten unter seinem Namen zusammen.

Der Erfolg des Betriebs spricht sich herum. 1898 erhält Leitz die Königlich-bayerische Staatsmedaille für „vorzügliche Holzbohrer“ auf der Kraft-Arbeitsmaschinen-Ausstellung in München. 1903 wird ihm eine Verdienstmedaille von der Handwerkskammer zu Op-

Rund ein Vierteljahrhundert nach Gründung seines Unternehmens hatte Leitz schon jede Menge Auszeichnungen gesammelt (links). 1904 erhielt Leitz für den Langlochbohrer „Leitz DRGM 307609" sein erstes Patent (rechts).

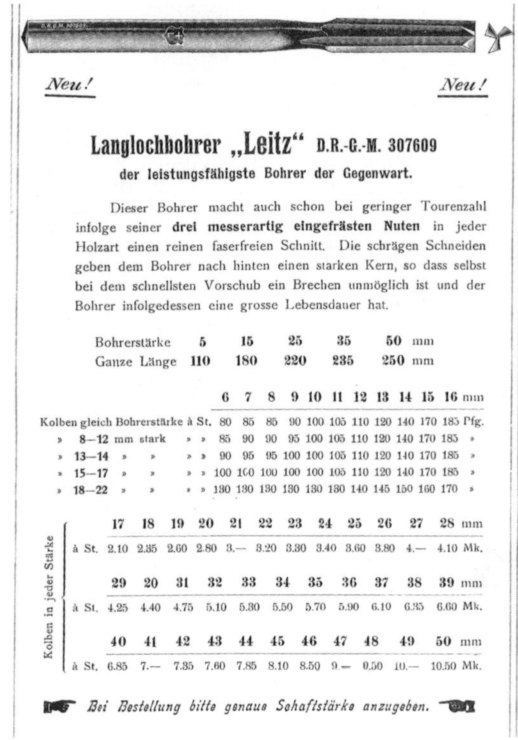

Neu! *Neu!*

Langlochbohrer „Leitz" D.R.-G.-M. 307609

der leistungsfähigste Bohrer der Gegenwart.

Dieser Bohrer macht auch schon bei geringer Tourenzahl infolge seiner **drei messerartig eingefrästen Nuten** in jeder Holzart einen reinen faserfreien Schnitt. Die schrägen Schneiden geben dem Bohrer nach hinten einen starken Kern, so dass selbst bei dem schnellsten Vorschub ein Brechen unmöglich ist und der Bohrer infolgedessen eine grosse Lebensdauer hat.

Bohrerstärke	5	15	25	35	50	mm
Ganze Länge	110	180	220	235	250	mm

	6	7	8	9	10	11	12	13	14	15	16 mm
Kolben gleich Bohrerstärke à St.	80	85	85	90	100	105	110	120	140	170	185 Pfg.
» 8–12 mm stark » »	85	90	90	95	100	105	110	120	140	170	185 »
» 13–14 » » » »	90	95	95	100	100	105	110	120	140	170	185 »
» 15–17 » » » »	100	100	100	100	100	105	110	120	140	170	185 »
» 18–22 » » » »	130	130	130	130	130	130	140	145	150	160	170 »

Kolben in jeder Stärke

	17	18	19	20	21	22	23	24	25	26	27	28 mm
à St.	2.10	2.35	2.60	2.80	3.—	3.20	3.30	3.40	3.60	3.80	4.—	4.10 Mk.

	29	20	31	32	33	34	35	36	37	38	39 mm
à St.	4.25	4.40	4.75	5.10	5.30	5.50	5.70	5.90	6.10	6.35	6.60 Mk.

	40	41	42	43	44	45	46	47	48	49	50 mm
à St.	6.85	7.—	7.35	7.60	7.85	8.10	8.50	9.—	0.50	10.—	10.50 Mk.

Bei Bestellung bitte genaue Schaftstärke anzugeben.

peln verliehen. Viele weitere Medaillen und Auszeichnungen folgen, auf Messen wie bei Wettbewerben. Elegant verzierte Urkunden aus Breslau, Turin und Toulouse kann sich Albert Leitz nun in seine Stube hängen.

Der selbstbewusste Pionier

Das Unternehmen wächst und gedeiht. Die Firma lautet mittlerweile auf den Namen „Württembergische Holzbohrerfabrik A. Leitz". Der Zusatz „Württembergische" zeigt Leitz' eigenen Anspruch: In Württemberg bin ich die Nummer eins. Es ist sein ihm eigenes Selbstverständnis und Ziel. 1904 ist vielleicht die Zeit, von der an wir auch vom „Pionier Leitz" sprechen dürfen. Dass er erfolgreich Handbohrer fertigt, ist ja noch kein Alleinstellungsmerkmal. Doch nun bekommt er sein erstes Patent: für den Langlochbohrer „Leitz DRGM 307609". Es ist für den Unternehmer zweifelsohne der „leistungsfähigste Bohrer der Gegenwart", wie er in einem Prospekt feststellt. 50 verschiedene Hand- und Maschinenbohrer hat die „Württembergische Holzbohrerfabrik A. Leitz" nun im Programm.

Aufwendige Preislisten zeigen „erstklassige Fabrikate". Dabei tritt Leitz nicht zu bescheiden auf: „Bei den ersten und größten Firmen des In- und Auslandes erfreut sich mein Fabrikat allgemeiner Beliebtheit (...)." Gemäß schwäbisch-heimattreuer Handwerkstradition verweist Leitz in einer Broschüre auch auf „selbst herangezogene, erprobte Arbeitskräfte". Trommeln gehört zum Handwerk.

Seinen neuen Produkten gibt er zu Zwecken der Verkaufsförderung Namen. Ein Produkt heißt „Regina" (wie seine Schwägerin), ein anderes heißt „Zwerg" – es ist das erste patentierte Fräswerkzeug von Leitz. Groß preist er auch den Scheibenschneider „Komet" an. In einem Werbeblatt heißt es: „Um einem alten Uebel in der Holzbearbeitung abzuhelfen, ist es uns gelungen, einen neuen Scheibenschneider zu konstruieren, welchen ich unter dem Namen Komet in den Handel bringe." Auch ist immer wieder von der „vorzüglichen Ausfertigung" seiner in der Tat technisch progressiven Produkte die Rede. Es steht außer Frage: Hier ist einer überzeugt von sich.

Albert Leitz, von großer Statur und beeindruckender Schnurrbartmode, ist ein Allrounder: Er ist der Techniker, der Marketingmann, der Kaufmann, der Erfinder, der Chef der Firma, immer zupackend, immer tatkräftig.

Vom Holzbohrer zum Messerkopf

Die Holzindustrie arbeitet inzwischen auf einem hohen Niveau, einfache manuelle Werkzeuge werden kaum noch benutzt. In der Industrie hat die Elektrifizierung eingesetzt, die schnelllaufende Maschinen emporbringt. Albert Leitz stellt die Firma darauf ein. Sie bekommt jetzt ihren Industriecharakter. 1906 beginnt der Unternehmer mit der Anpassung seiner Produkte an die Mechanisierung in der Holzbearbeitung. Er weiß: Es sind nicht mehr ganze Werkzeuge, die die Industrie braucht, sondern oft Maschinenteile wie Maschinenmesser, Messerköpfe oder Spannbacken. Bald danach kommen bei Leitz Kronenfräser,

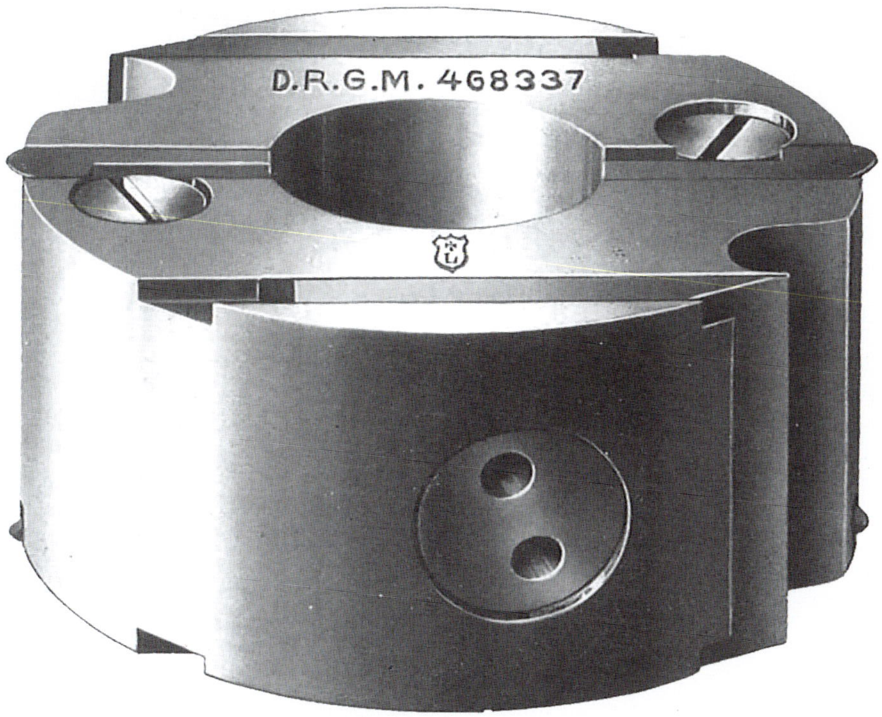

Der patentierte Sicherheits-Messerkopf „Zwerg". Die Schneiden lagen innerhalb des Tragkörpers, was Fräsanwendungen für den Maschinenbediener sicherer machte.

Nutfräser und Nutsäge, wie sie Leitz in den 1910er-Jahren produzierte.

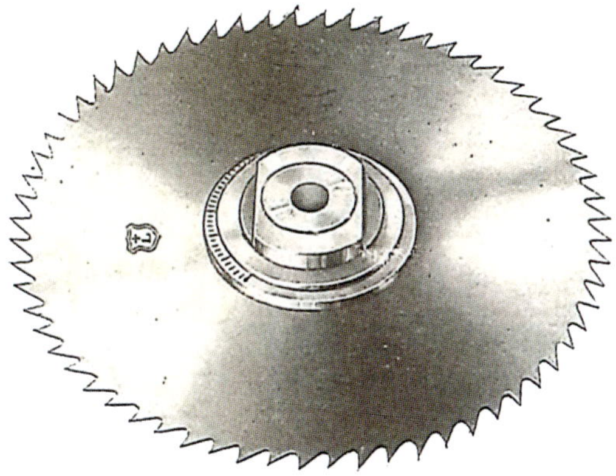

hinterdrehte Fräser, Nut- und Federfräser hinzu. Die Produkte müssen sicherer sein als früher, sie müssen härter sein, mehr aushalten können. Und Leitz liefert.

Der Unternehmer schließt die Weiterentwicklung der Firma vom Handwerk zur Industrie noch vor 1910 ab. Albert Leitz erledigt diesen Transformationsprozess im Unternehmen noch selbst. In der Spätphase des wilhelminischen Kaiserreichs boomt es. Leitz beschäftigt jetzt 90 Mitarbeiter und besitzt 70 Maschinen. Auf Ausstellungen in ganz Europa zeigt er sein Können und vertreibt seine Produkte. Es ist jetzt die Hochphase im Schaffen Albert Leitz'. In einer Anzeige erklärt er sich zum unangefochtenen Marktführer in Europa: „Größte Spezialfabrik des Kontinents für die Herstellung von Werkzeugen zur mechanischen Holzbearbeitung."

Die Söhne übernehmen

Auf dem unternehmerischen Zenit vollzieht der Firmengründer den Generationswechsel. Er will einen guten, reibungslosen Übergang schaffen für sein stark gewachsenes Unternehmen. Er zieht sich 1912 zurück, seine Söhne Albert Junior und Fritz Leitz, beides gelernte Zeugschmiede, übernehmen die Führung der Holzbohrerfabrik, Emil kommt als Kaufmann hinzu.

Das Unternehmen bekommt jetzt einen neuen Namen, um den Wandel zu dokumentieren: „Gebrüder Leitz, Bohrer- und Werkzeugfabrik, Oberkochen". Wichtig ist auch für Leitz Senior: Das Unternehmen soll in der Familie weitervererbt werden, das stellt er sogar im Gesellschaftervertrag von 1912 explizit heraus. Und daran hat man sich bis heute bei Leitz gehalten.

Ein großer Katalog verweist 1913 stolz auf das Erreichte: „Unser Geschäft umfasst heute ausgedehnte Fabrikräume, in welchen durch eine hundertpferdige Dampfkraft siebzig modernste Arbeitsmaschinen in Gang gesetzt

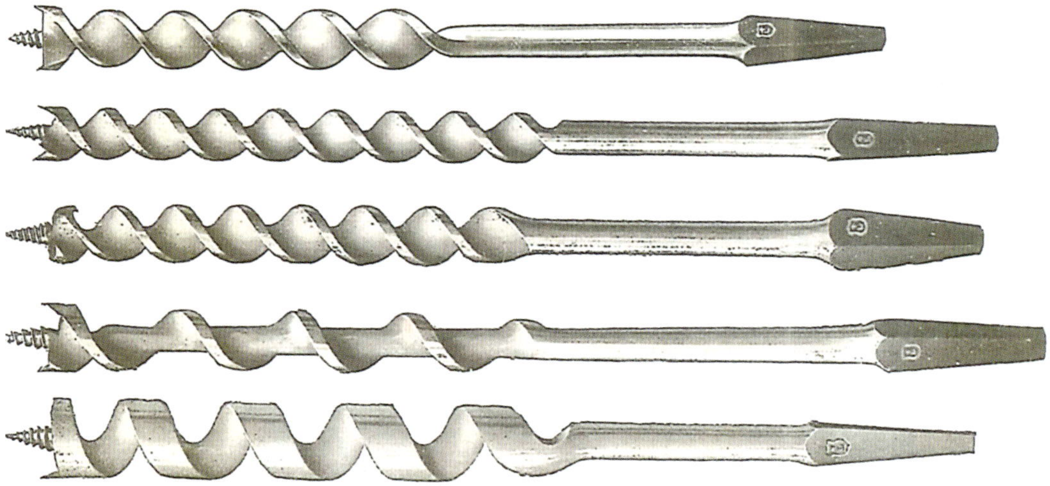

Leitz-Schlangenbohrer in verschiedenen Ausführungen. Auch diese Werkzeuge befanden sich im Sortiment der 1910er-Jahre.

Nachfolge geregelt: Albert Leitz Jr. übernahm 1912 gemeinsam mit seinem Bruder Fritz das Unternehmen des Vaters.

werden." Im Katalog ist erstmals das Leitz-Warenzeichen abgedruckt, das Leitz im Jahr zuvor vom kaiserlichen Patentamt in Berlin hat schützen lassen. Der alte Leitz sieht sein Unternehmen zufrieden gedeihen. An- und Neubauten müssen immer wieder sein, um mit dem Wachstum Schritt halten zu können.

Die Nachfolge ist geregelt

Leitz bleiben nur noch vier Jahre. Er stirbt 1916, mitten in der Zeit des Ersten Weltkriegs, im Alter von 62 Jahren. 40 Jahre sind seit dem ersten Eintrag in sein Tagebuch in der Kirchgasse vergangen. Er hinterlässt seine Söhne und seine Frau Heinrike, die ihn um fünf Jahre überlebt.

Die Söhne machen weiter. Doch sie gehen in der Folge unterschiedliche Wege. 1921 gründet Emil seine eigene Vertriebsfirma für Leitz-Produkte, 1938 trennen sich zudem die Brüder Albert Jr. und Fritz. Fritz gründet die „Fritz Leitz Maschinen- und Apparatebau", wo bis zum Ende des Zweiten Weltkriegs Flugzeugteile und Aggregate gebaut werden. Albert Jr. macht mit der Ursprungsfirma des Vaters am Ölweiher weiter.

Nach überstandenem Weltkrieg und frustrierender Nachkriegszeit beginnt in den Wirtschaftswunderjahren die hohe Zeit der internationalen Expansion. Ende der 1950er-Jahre, in dritter Generation, öffnet sich Leitz dem globalen Markt in voller Breite. Ein rasantes Wachstum setzt ein, ein Auslandsmarkt nach dem anderen wird erobert. Leitz investiert insbesondere in den 1960er-Jahren enorm in Vertrieb und Kundenservice – eine besondere Stärke deutscher Mittelständler im Ausland. Noch heute ist die Vertriebsfirma von Emil Leitz, seit den 1960er-Jahren als Teil der Leitz-Gruppe, zuständig für den Vertrieb in Süddeutschland.

In den 1970er-Jahren beginnt die Ära Dieter Brucklachers im Hause Leitz. Er ist der Ehemann von Monika Brucklacher, einer Leitz-Nachfahrin. Der waschechte Oberkochener tritt 1974 in die Firma ein, steigt steil auf und übernimmt 1982 den Vorsitz in der Geschäftsführung. In der Folge baut das Unternehmen High-Tech-Werkzeuge für Werkzeugmaschinen, die härteste Hölzer und weichstes Styropor millimetergenau zuschneiden können. Bis heute werden hier vor allem Produkte gefertigt, die vom

Als einziges Unternehmen der Branche produziert Leitz heute ein Vollsortiment an Werkzeugen für die maschinelle Holz- und Kunststoffbearbeitung.

Handwerk bis zur Holzbearbeitungsindustrie gebraucht werden (Motto: „Leitz – Wir formen die Zukunft"). Aber auch viele andere Materialien werden mit den Bohrern, Messern und Fräsköpfen bearbeitet.

Mit seinen Tochterfirmen beschäftigt Leitz heute auf allen fünf Kontinenten über 3300 Mitarbeiter. Weitere internationale Firmengruppen wurden im Laufe der letzten zwanzig Jahre zur Ergänzung der Leitz-Aktivitäten erworben und ausgebaut.

Leitz ist heute im Besitz der Urenkelin und der Ur-Urenkelin des Firmengründers und wird von der Familie Brucklacher in der vierten und fünften Generation geführt. Oberkochen ist und bleibt zwar für Leitz das Herz der Firma. Doch die Geschäfte reichen weit und in alle Richtungen.

Der „Bohrermacher-Brunnen", der mitten in dem kleinen Ort steht, zeigt, welche Bedeutung das Gewerbe für Oberkochen hat. Durch Bäuerle und Leitz ist Oberkochen ein Schmelztiegel der Holzbearbeitung geworden, neudeutsch ein „Cluster". Leitz' Grab ist heute auf dem evangelischen Friedhof in der Leitzschen Familiengruft zu finden – es liegt gleich neben Bäuerles Gruft.

Das Produktionsgebäude am Leitz-Stammsitz in Oberkochen. Aus der Werkstatt am Ölweiher ist ein global agierendes High-Tech-Unternehmen geworden.

Friedrich Voith

geboren am 3. Juli 1840 in Heidenheim an der Brenz
gestorben am 17. Mai 1913 in Heidenheim

„Fürst im Reiche der Arbeit"

Friedrich Voith hat die Zeichen seiner Zeit früh erkannt. Er war noch jung und nicht lang im Geschäft, da blickte der Technikbegeisterte weit in die Zukunft: Die Menschen werden mit zunehmender Verwaltung und Bildung immer mehr Papier brauchen, das nur in industriellem Maßstab hergestellt werden kann. Und die Wirtschaft benötigt in der Industrialisierung immer mehr Energie, womit die Nachfrage nach großen Energieanlagen immens steigen wird.

Diese Erkenntnisse des Firmengründers und Industriepioniers Friedrich Voith sind anderthalb Jahrhunderte her. Doch die Megatrends von gestern sind noch heute aktuell: Auch im 21. Jahrhundert setzt die Heidenheimer Voith GmbH als eines der führenden Unternehmen im Maschinen- und Anlagenbau Maßstäbe in den Märkten Energie, Öl & Gas, Papier, Rohstoffe sowie Transport & Automotive.

Schon zu Lebzeiten des Gründers wuchs die mechanische Werkstatt des Vaters zu einer weltweit tätigen Firma heran. Unter seiner Ägide entstanden tausende Maschinen, die Firma gab unzähligen Menschen auf der Ostalb Arbeit. Zum Tode Friedrich Voiths im Jahr 1913 wurde er – im alten Kaiserdeutsch etwas zu pathetisch – als „Fürst im Reiche der Arbeit" bezeichnet. Das Unternehmertum war aber nicht sein Ein und Alles. Bei allem unternehmerischen Erfolg liebte Friedrich Voith die Natur, die Geselligkeit, er hatte gern Freunde und die Familie um sich.

Stammhalter für die Schlosserei

Der kleine Friedrich wird 1840 in der Schleifmühle des Vaters Johann Matthäus Voith in Heidenheim an der Brenz geboren. Die Voiths sind eine alteingesessene Bürgerfamilie, in den Kirchenbüchern Heidenheims lässt sich der Name über fast drei Jahrhunderte zurückverfolgen. Ursprünglich kommt die Familie aus dem Stuttgarter Raum. Fast alle männlichen Vorfahren waren Schlosser.

Heidenheim ist Mitte des 19. Jahrhunderts Ort einer erblühenden Industrie. In der Nachbarschaft des Schlossermeisters Voith entsteht eine Fabrik nach der anderen. Hier eine Weberei, da eine Spinnerei, in der nächsten Straße eröffnet eine Bleicherei. Alles Betriebe, deren Maschinen auch mal kaputtgehen – und Johann Matthäus Voith repariert sie. Friedrich Voith ist die Hoffnung des Vaters. Dieser hat endlich einen Erben und Stammhalter.

Damit Friedrich einmal die Werkstatt übernehmen kann, überlässt der alte Voith in der Ausbildung des Knaben nichts dem Zufall. Nach Volksschule und „vereinigter Latein- und Realschule" – Latein soll nicht Friedrichs Stärke gewesen sein und hat ihm manchen Eintrag ins Diarium eingebracht – nimmt ihn der Vater persönlich unter seine Fittiche. Er unterzieht ihn einer zweijährigen gestrengen Lehre in seiner Werkstatt. Mit 15 Jahren ist der Zögling fertig ausgebildet und bereit fürs

Friedrich Voith mit Gattin Ende des 19. Jahrhunderts.

Die Firma Voith in Heidenheim heute.

Der Kaufvertrag zwischen Vater Johann Matthäus und Sohn Friedrich Voith zur Übergabe des Betriebs. Dieses historische Ereignis beschreibt die Gründung des heutigen Unternehmens.

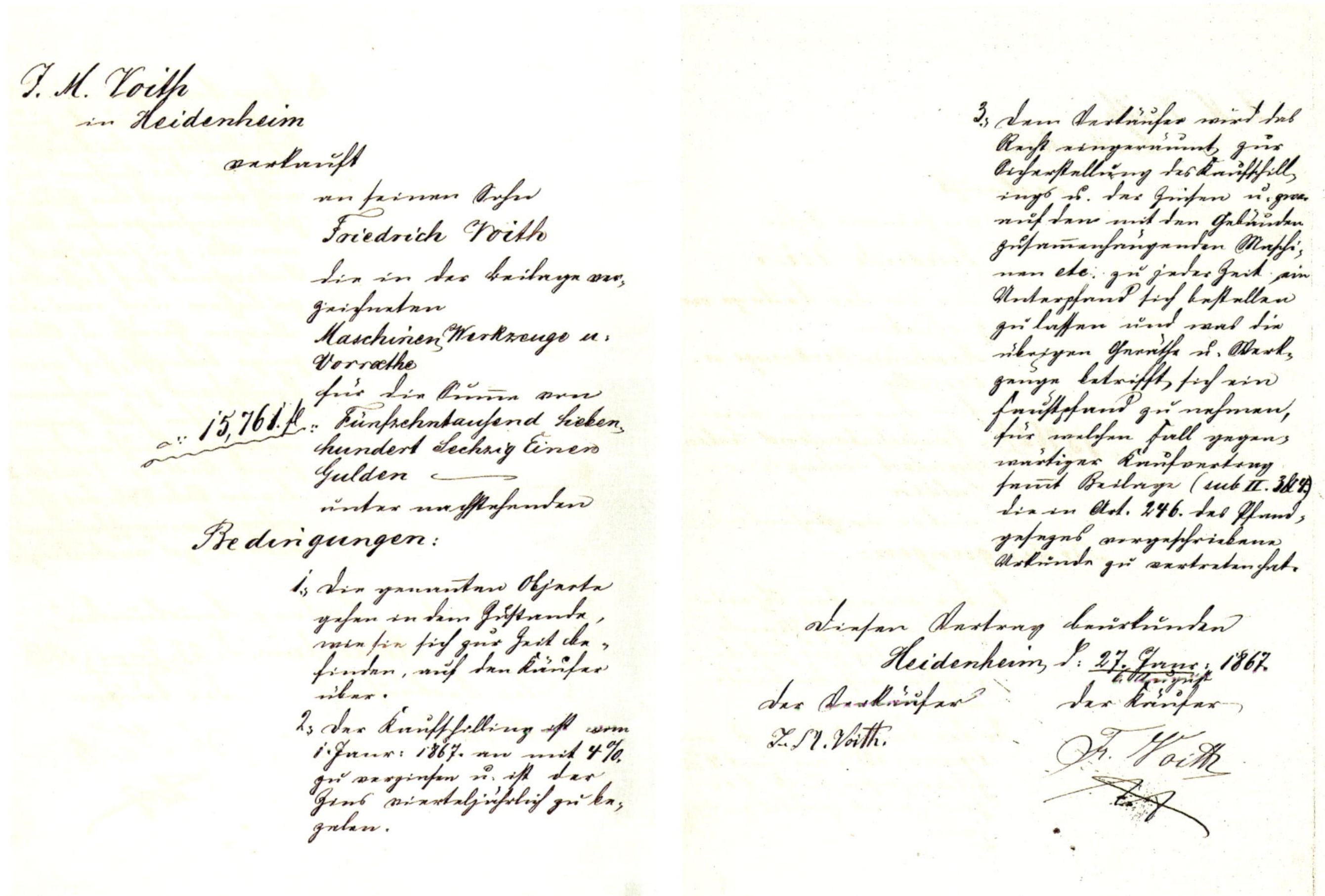
J. M. Voith
in Heidenheim
verkauft
an seinen Sohn
Friedrich Voith
die in der Beilage verzeichneten
Maschinen, Werkzeuge u. Vorräthe
für die Summe von
fl. 15,761. Fünfzehntausend sieben hundert Sechzig Einen Gulden
unter nachstehenden
Bedingungen:
1, Die genannten Objekte gehen in dem Zustande, wie sie sich zur Zeit befinden, auf den Käufer über.
2, Der Kaufschilling ist vom 1. Januar: 1867. an mit 4% zu verzinsen u. ist der Zins vierteljährlich zu bezahlen.

Diesen Vertrag beurkunden
Heidenheim, d. 27. Jan: 1867.
der Verkäufer J. M. Voith.
der Käufer F. Voith

Studium. Das Polytechnikum in Stuttgart ruft. „Wir wollen Gott bitten, daß er als ein gottesfürchtiger, braver, fleißiger Jüngling zurückkommt", schreibt Johann Matthäus Voith dem Schullehrer, zu dem Friedrich in Kost und Logis kommt.

Friedrich hat nichts gegen ein Studium in der großen Stadt. Weit weg vom strengen Vater lässt sich das Leben genießen. Friedrich staunt nicht schlecht über das Großstadtleben. Auf dem Campus und vor allem danach geht es lustig zu. Friedrich wird Mitglied in der Verbindung der „Stauffia" (Wahlspruch: „Licht – Luft – Wahrheit"). Bierselig schwören sich die jungen Männer in Zeiten von Kaiser und König „Ehrenhaftigkeit und Geselligkeit" auf immer und ewig. Voith schließt viele Freundschaften.

Der junge Voith will mehr

Nach vier Jahren Studium hat das universitäre Leben ein Ende. Für Friedrich Voith beginnt mit dem akademischen Grad der Ernst des Lebens. Er ist nun Ingenieur, er wird gebraucht. Und er will sein erworbenes Wissen unter Beweis stellen. Zurück in Heidenheim beginnt Voith im technischen Büro der Papierfabrik Heinrich Völter. Der junge Mann kommt durch die Anstellung viel herum, er lernt Deutschland und Frankreich kennen. Doch dieser Job füllt den Wissbegierigen nicht aus. Er ist ehrgeizig und will mehr. Im Jahr 1863 geht er nach Kassel und beginnt als Ingenieur in der Firma Henschel & Sohn. Es wird aber ein kurzes Gastspiel: Zwar wäre Friedrich Voith gern länger im Hessischen geblieben. Doch, wie er selbst einmal rückblickend erzählt, sei er kaum ein Jahr da gewesen, als er plötzlich im Herbst 1864 die Nachricht erhält, die Völtersche Papierfabrik sei abgebrannt. „Jetzt hielt ich die Zeit für gekommen, heimzukehren", ist ein Zitat Friedrich Voiths aus diesen Tagen überliefert. Der Vater erwartet Friedrich dringlich. Denn der Wiederaufbau der Papierfabrik bedeutet viele Aufträge für Voith. Es ist eine Gelegenheit für den jungen Voith, als Juniorchef in spe auch im eigenen Betrieb Hand anzulegen und die Arbeitsabläufe zu verbessern. Der Vater lässt ihn.

Eine historische Stunde schlägt im Jahr 1867. Der Vater reicht seine Schlosserei mit nunmehr 30 Mitarbeitern offiziell an den Sohn weiter. Es ist die Geburtsstunde des heutigen Voith-Konzerns. Alles muss natürlich seine Ordnung haben, und so existiert auch ein Vertrag. „J.M Voith in Heidenheim verkauft an seinen Sohn Friedrich die in der Beilage verzeichneten Maschinen, Werkzeuge und Vorraethe für die Summe von Fünfzehntausend Siebenhundert Sechzig Einen Gulden", steht geschrieben.

Zwar ist der Vater auch ein bisschen besorgt über das Tempo, das sein Sohn vorlegt. Doch bei allem Sturm und Drang gibt der Erfolg Friedrich letztlich Recht. Der Nachkömmling, jetzt 26 Jahre alt, ist unternehmerisch mutig, aber er ist nicht leichtsinnig.

Die ersten Papiermaschinen

Voith baut die einstige Schlosserei zu einer Maschinenfabrik um. Sein Metier zeichnet sich schnell ab: Auf eigene Rechnung entwickelt Voith Holzschleifer. Er macht die ersten Entwürfe selbst, aus denen eine Holzschleifeinrichtung für die benachbarte Schleiferei Uhingen entsteht. Damit ist der erste selbstständige Schritt auf einem Fabrikationsgebiet getan. Der spätere Erfolg der daraus entstehenden Papiersparte bezeugt die Weitsicht Friedrich Voiths und seines Vaters.

Eigens richtet Voith zur Verbesserung seiner Maschinen eine Versuchsschleiferei unterhalb der Brenz an der Lohmühle ein. Schon 1873 wird ihm für seine Maschinen auf der Wiener Weltausstellung die Fortschrittsmedaille verliehen. Später gehen auf sein Konto Erfindungen wie der „dreisiebige Schüttelsortierer" (1882), der die Qualität des Papiers durch besseres Vorsortieren deutlich verbessert. Der Schritt vom Holzschleifer zur Papiermaschine ist für Voith naheliegend. Zunächst baut er sogenannte „Holländer", in denen die Fasern des Papierbreis ganz fein gemahlen werden. Doch mehr und mehr schwebt ihm eine komplette Maschine zur Herstellung von Papier vor. 1881 liefert Voith die erste Papiermaschine an die Papierfabrik Raithelhuber, Bezner und Cie. in Gemmrigheim aus.

Die Papiermaschine ist diejenige Anlage, auf der aus einzelnen Fasern das eigentliche neue Papier hergestellt wird. Die Fasern, mit viel Wasser verändert, verfilzen sich beim Trocknen, werden gesaugt und gepresst und

Familienbild von 1886: Der älteste Sohn, Walther (1874–1947), zeigt voller stolz sein Fahrrad.

1903 baut Voith Francis-Spiralturbinen für Hamilton Cataract Power Light and Traction Co. Ltd., Hamilton (Kanada). Hanns Voith (2. v. r.) arbeitete bei der Fertigung als Praktikant im Turbinenbau mit.

wieder getrocknet, geglättet, geschnitten und aufgerollt. Fertig ist das Papier. Die Zeit, in der dies noch per Hand gemacht wird, ist mit Voith definitiv vorbei. Die Erfindung bringt Friedrich Voith Aufträge rund um den Erdball ein. Das Geschäft wächst von Jahr zu Jahr. Ein lebhafter Aufschwung setzt ein. Von morgens um fünf bis abends um acht Uhr wird bei Voith gearbeitet, um die Auftragsbücher abzuarbeiten. Das bebaute Gelände der Firma wird immer größer, die Mitarbeiterzahl steigt stetig. Genaue Umsatz- und Wachstumsgrößen aus dieser Zeit sind zwar nicht bekannt. Doch allein 1892 baut das Unternehmen fast 1000 Schüttelsortierer. Sogar die Krisenjahre 1883 und 1884 („Überproduktionskrise") können Voith nichts anhaben; durch die vielen Exportaufträge gibt es für die Firma immer irgendwo auf der Welt etwas zu tun.

Innovation ist der Wachstumstreiber des Unternehmens in dieser Zeit. 1905 meldet Voith mit der Firma Brown, Boverie & Cie. ein Patent auf den Antrieb von Papiermaschinen mit Einzelmotoren an. Von nun an beschleunigt sich die Tageserzeugung der Papierfabriken – dank Voith.

Erste Wasserturbinen

Friedrich Voith hat sich aber schon längst ein weiteres Wachstumsfeld ausgeguckt: Wasserturbinen. Die Entwicklung dieses Geschäftsbereichs läuft parallel. 1870 baut er die Turbine Nr. 1, eine 100 PS starke Henschel-Jonval, für einen Herrn Greifenhagen in Schröbersdorf. Die Turbinenbestellungen häufen sich fortan, Voith muss sein Werk für diese Sparte in den Anfangsjahren gleich mehrmals erweitern. Einen Durchbruch auf diesem Gebiet erreicht Voith mit der be-

Das Voith-Firmengelände in Heidenheim im Jahr 1906.

rühmten Francis-Turbine. Er schafft es, die zunächst nur in Amerika erhältliche Francis-Turbine zu verbessern und auch in Deutschland zu etablieren.

Die erste Voithsche Francis-Turbine geht an die Weberei Ploucquet in Heidenheim, es ist die siebte Turbine von Voith überhaupt. Sie ist für ein Gefälle von 1,725 m ausgelegt und schafft eine Wassermenge von bis zu 1,55 m3/s. Heute steht die Turbine im Deutschen Museum in München. Turbinen sind jetzt das zweite große Standbein Voiths. Bis zum Jahre 1909 werden insgesamt 2632 Turbinen ausgeliefert. Die Hauptabnehmer sind vor allem die Elektrizitätsgesellschaften.

„Der Fritz kommt!"

Friedrich Voith ist ein penibler Chef. Seinen Schreibtisch räumt er jeden Abend blitzblank auf, die Bücher haben akribisch geführt zu sein, täglich wird Kassensturz gemacht. Unordnung und Bummelei kann der Herr Kommerzienrat gar nicht leiden. Voiths Fabrikpfeife, schreibt der einstige Oberwerkführer August Widemann, sei immer die pünktlichste gewesen. Der Kontrolleur Voith geht oft persönlich durch die Werke, jederzeit kann er irgendwo unerwartet auftauchen. Deshalb steht ab und an einer der Arbeiter Schmiere, der im Notfall warnt: „Der Fritz kommt!"

In der Belegschaft gärt es aber auch, es weht ein demokratischer Freiheitswille durch Deutschland. Die Arbeiterbewegung entsteht, ihre geistigen Führer heißen August Bebel und Karl Marx. Dennoch sind die Arbeitsbedingungen bei Voith dank Friedrich Voith für die damalige Zeit modern und überaus

Friedrich Voith ist der strenge, aber gerechte Fabrikherr. Er hält die Hand über seine Arbeiter und lässt keinen fallen (Porträt um 1907).

fortschrittlich. Bei Voith gibt es schon den Zehn-Stunden-Tag, während anderswo noch um eine Kürzung auf elf Stunden gekämpft wird.

Friedrich Voith ist auch in sozialen Belangen Pionier: Das Unternehmen ist eines der ersten in Deutschland, das eine eigene Krankenversicherung einführt. Mit der Pensionskasse sichert er die Zukunft seiner Arbeiter und Angestellten ab.

Friedrich Voith ist der „strenge, aber gerechte und gütige Fabrikherr", wie sich sein Sohn Hanns erinnert. Er hält die Hand über seine Arbeiter und lässt keinen fallen, der es angeblich nicht auch verdient hätte. Der Begriff „Voith" kommt im Übrigen aus dem Mittelhochdeutschen und bedeutet so viel wie Schirmer oder Beschützer.

Lustige Feierabende

Immer wieder gibt es Anlässe zum Feiern im Werk. Die Ingenieure und Arbeiter haben ihre Vereine und Stammtische, jedes Jahr wird groß die Kirchweihjagd zelebriert. Auch Voith selbst weiß Humor zu schätzen. Seine Angestellten foppen den Chef ganz gern mal: Einmal gastiert Friedrich Voith im Friedrichshafener Hotel „König von Württemberg", als ihn ein Brief seines Prokuristen erreicht mit der Anschrift: „Voith, König von Württemberg". Als der Chef sich diese Anrede verbittet, kommt ein nächster Brief mit der Anschrift: „Voith, zur Zeit König von Württemberg."

Voith ist wahrlich nicht nur Unternehmer. Er liebt die Ausflüge mit der Familie, mit Verwandten und Freunden. Wenn sonntagmorgens der Kutscher im Livree den Pferdewagen startklar macht, die Frauen den Proviant verstauen, die Kinder aufgeregt toben, die Männer über der Landkarte fachsimpeln, ist er am glücklichsten. Es geht über die Alb, nach Bayerisch-Schwaben und ins Oberschwäbische hinein. Es wird gevespert im Wental und Forelle gegessen im „Rößle" in Königsbronn am Brenzursprung. Oggenhausen wird einer von Voiths Lieblingsplätzen. Als er einmal mit der Familie im heißen Neapel wegen eines Eisenbahnerstreiks festsitzt, seufzt er: „Wenn i no in Oggenhause wär."

Hochzeit mit der Pfarrerstochter

Friedrich Voith hat gleich nach der Übernahme der Firma geheiratet. Adelheid Hartmann heißt die Erwählte und kommt aus bestem Heidenheimer Hause. Doch sie stirbt nur ein Jahr nach der Hochzeit samt dem Neugeborenen. Die Trauer ist groß, der Schicksalsschlag wird erst nach und nach verkraftet. Später vermählt sich Friedrich erneut. Helene geborene Crusius entstammt einem ehrwürdigen

Friedrich Voith ist auch Familienmensch. Helene, seine Frau, schenkt ihrem Mann drei Söhne und drei Töchter. Der jüngste Sohn, Hanns, fehlt noch auf diesem Bild.

sächsischen Pfarrhause. Die Pastorentochter ist bescheiden, häuslich, liebenswürdig, gelehrt. Helene ist darüber hinaus die Schwester der zweiten Frau des Unternehmers Albert Niethammer, mit dem Voith seit geraumer Zeit geschäftlich verbunden ist. Es wird eine glückliche Ehe. Helene schenkt ihrem Mann drei Söhne und drei Töchter. Walther (1874–1947), Hermann (1878–1942) und Hans (1885–1971) werden sich einmal um das Unternehmen kümmern; 1912, kurz vor Voiths Tod, steigen sie als Mitinhaber in das Unternehmen ein.

Abenteuer mit Freund Gottlieb

Ein guter Freund wird ihm Gottlieb Daimler. Es herrscht reger Briefverkehr zwischen den beiden („Lieber Freund Voith!"), es wird diskutiert übers Geschäft und über Privates. Manche kleine Anekdote zwischen Gottlieb Daimler und Friedrich Voith schildert Sohn Hanns in seinen Lebenserinnerungen „Im Gang der Zeiten". Eines Tages kommt Gottlieb Daimler mit der „Victoria" bei den Voiths vorbei, einem vierrädrigen Modell, das er 1897 fertiggestellt und das später als erstes motorenbetriebenes Taxi weltberühmt werden wird. Daimler holt Friedrich Voith, Sohn Hanns und einen Monteur ab. Es soll ins zehn Kilometer entfernte „Rößle" gehen. Der Rest der Familie fährt mit dem Pferdewagen. Doch schon nach drei Kilometern, im nächsten Dorf, gibt das Auto den Geist auf. Die Dorfbevölkerung spottet und lacht, und der ohnehin argwöhnische Voith fühlt sich bestätigt in seiner Skepsis gegenüber diesem komischen Gefährt. Als dann noch die Familie hoch amüsiert mit der Kutsche winkend vorbeifährt, sind die Fronten geklärt. Hanns erinnert sich dunkel, dass sie das „Rößle" aber noch erreicht haben.

Es ist also kein Wunder, dass der Perfektionist Friedrich Voith bei derartigen Motor-Pleiten lieber dem Wagen mit Pferd treu bleibt. Bis 1908. Da, eines schönen Tages, fahren die Voith-Söhne Hermann und Hanns mit einem 40-PS-Mercedes nach Lindau, wo der Vater in der Nähe ein Haus gebaut hat. Zwar zeigen die beiden das Auto nicht vor,

Friedrich Voith in seinem Arbeitszimmer um 1910.

doch der Vater ahnt etwas. Immer wieder hakt er misstrauisch nach, mit welchem Zug sie denn gekommen seien.

Eines Mittags im „Bayerischen Hof" fragt er Hermann und Hanns geradeaus: „Wo hen't ‚r denn euren Saukarre?" Das Geheimnis ist gelüftet, das Auto wird präsentiert, der Chauffeur noch schnell freundlich vorgestellt, und schon geht es los auf eine erste Spritztour auf den von Voith geliebten Heiligenberg. Die Fahrt verläuft reibungslos, die Aussicht oben ist atemberaubend. Von diesem Tag an besteigt Friedrich Voith bis zu seinem Tod keine Eisenbahn mehr.

Hochphase der Produktivität

Gesamtwirtschaftlich sind es Hochzeiten. Auf einen Zeitraum von 18 Jahren zwischen 1895 bis 1913 kommen nur fünf Konjunkturabschwünge, während die Ausschläge nach oben zu dieser Zeit besonders stark sind. Voith lebt immer mehr vom Export, im Ausland spielt die Musik. Ein ganz besonderer Coup: Voith liefert zwölf Francis-Spiralturbinen für das Kraftwerk an den Niagara-Wasserfällen im Staat New York. Es sind die bis dato größten Wasserturbinen der Welt.

Die Zeichen stehen auf Expansion. 1903 baut Voith ein Werk im benachbarten Ausland auf, in St. Pölten in Niederösterreich. Der Grund sind erschwerte Zollverhältnisse zwischen Deutschland und Österreich, auf die Voith damit umgehend reagiert. Die Leitung des Zweigwerks überträgt er seinem ältesten Sohn Walther, der dafür aus den USA zurückkommt. Friedrich Voith ist das Auslandsgeschäft schon immer wichtig gewesen. So wichtig, dass er sich einmal sogar zu einer wahren Weltreise aufmacht: 1893 fährt der Unternehmer zur Weltausstellung nach Chicago – völlig unüblich zu damaligen Zeiten. Vor dem Start der Schiffsreise versammelt er die Prokuristen der Firma und den Notar in seinem Zimmer, um feierlich bei Kerzenschein sein Testament zu unterzeichnen. Er wird heil wieder zurückkommen.

Technologien und Dienstleistungen von Voith erzeugen ein Viertel des weltweit aus Wasserkraft gewonnenen Stroms.

Rund um den Globus setzen öffentliche Nahverkehrssysteme auf Antriebstechnik von Voith.

Voith-Komponenten und Services sind im Öl- und Gasmarkt unerlässlich für die Rohstoffförderung, dessen Transport und Weiterverarbeitung.

Stete Optimierung

Auch in Voiths letzten Jahren treibt der Unternehmer seine Firma immer weiter voran. Seine Strategie ist die stete Verbesserung seiner Maschinen. So bauen die Voithianer inzwischen Francis-Turbinen mit einem Rekordgefälle von 170 m. Ihre Papiermaschinen schaffen 200 Meter pro Minute. Und der Holzschleifer wird enorm verbessert, indem er ein Magazin bekommt und beim neuen Beladen des Holzes nicht mehr erst außer Betrieb gesetzt werden muss. Auch entwickelt Voith von 1908 an ganze Pumpspeicherkraftwerke. Noch heute ist das erste Pumpspeicherwerk Deutschlands am Stammsitz der Firma in Heidenheim zu sehen.

An Ehrungen hat es nicht gemangelt. Kurz vor seinem Tode bekommt Friedrich Voith das Ehrenkreuz des Ordens der württembergischen Krone verliehen. Es ist sein persönlicher Adelstitel. Zum Zeitpunkt von Voiths Tod hat das Unternehmen 3000 Mitarbeiter, 2200 in Heidenheim und 800 in St. Pölten, und zählt längst zu den größten Firmen Württembergs. Friedrich Voith, Ehrenbürger der Stadt Heidenheim, Unternehmer, Arbeitgeber, Familienmensch, stirbt an einem Samstag, den 17. Mai 1913.

Voith heute

Das Unternehmen Voith handelt heute immer noch im Sinne Friedrichs Voiths. Es geht um Qualität, Innovationskraft, es geht um Pioniergeist und Internationalität, es geht um unternehmerische Freiheit. Die Firma befindet sich auch nach 145 Jahren im Familienbesitz. Als Familienunternehmen verfolgt Voith langfristige Strategien und Ziele. Aus dem Maschinenbetrieb Voith ist ein weltumspannender moderner Konzern geworden. Und der Hunger auf immer Neues ist noch da. Forschung und Entwicklung genießen in dem Haus Priorität. Für eine Innovation, die den Kunden überzeugt und die Wettbewerber staunen lässt, ist Voith auch im 21. Jahrhundert noch immer gut. Das hätte Friedrich Voith gefallen.

Voith-Papiermaschinen leisten heute einen Großteil der weltweiten Papierproduktion.

In Förderanlagen auf der ganzen Welt helfen Voith-Komponenten wie Kupplungen oder Getriebe wichtige Rohstoffe zu fördern und zu transportieren.

Jakob Eberspächer

geboren am 23. April 1840 in Esslingen
gestorben am 15. Oktober 1899 in Esslingen

Meister der kittlosen Verglasung

Das Städtchen Esslingen bei Stuttgart gilt als einer der Geburtsorte der württembergischen Industrialisierung. Schon anno 1845 rollte hier die Eisenbahn von Cannstatt kommend ein. Es war der Anschluss an die Zukunft. Dutzende Fabriken der Textilindustrie und des Werkzeugmaschinenbaus schossen aus dem Boden. Menschen suchten hier in der Industrie ihr Glück, es war ein Ort tätigen Wirtschaftsgeistes, marktorientiert, immer nach neuen Absatzmöglichkeiten schauend. Es ist ein Ort, an dem auch heute noch das Herz des Maschinenbaus im Raum Stuttgart schlägt: Branchengrößen wie Robert Bosch, Balluff und Metabo haben hier noch heute ihre Werke. Und Eberspächer.

Esslingen ist die Stadt der Eberspächers. Den Namen findet man hier überall, woanders gibt es ihn dagegen kaum. Aberhunderte „Eberspächers“ sind in den Stadtarchiven verzeichnet.

Der wohl prominenteste Eberspächer der einstigen freien Reichsstadt ist der Pionier Jakob Eberspächer. Dessen bescheidene Firmengründung im 19. Jahrhundert ist Grundstein für den heute global agierenden Automobilzulieferer. Dass das Initial seines Vornamens auch nach fast 150 Jahren noch in der Firmierung – „J. Eberspächer GmbH & Co. KG“ – auftaucht, ist als Reminiszenz an sein Schaffen zu verstehen.

Der Flaschnermeister Jakob Eberspächer hatte das alles eigentlich gar nicht im Sinn. Er konzentrierte sich zeit seines Wirkens auf Dachverglasungen, darin war er stark, darin war er Pionier. Am Ende seines Lebens kam das Automobil überhaupt erst auf. Seine Nachfahren positionierten das Unternehmen in diese Richtung – und sie tun es noch heute. Nach fünf Generationen in der Familie präsentiert sich das Unternehmen so groß wie noch nie und ist ein nicht wegzudenkender Player der Automobilindustrie, mit Sitz natürlich weiterhin in Esslingen – in der Eberspächerstraße 24.

Der Anfang als Flaschner

Jakob Eberspächer, im Jahre 1840 in Esslingen am Neckar geboren, wächst mitten hinein in die Zeit rasch fortschreitender Industrialisierung im damaligen Königreich Württemberg. Vor allem im mittleren Neckarraum entstehen an allen Straßenecken und -enden Fabriken und Werkstätten. Es ist die Zeit, in der man sein Glück machen kann, wenn man etwas taugt, etwas Gescheites gelernt hat und eine gute Portion Ehrgeiz mitbringt. Allerdings hat es Jakob Eberspächer überhaupt nicht leicht, er muss als Waise aufwachsen. Dabei war seine Familienherkunft ursprünglich keine schlechte Adresse und kann bis zurück ins 16. Jahrhundert nachgewiesen werden. Meist sind seine Vorfahren Wein-

Bereits 1914 steht die Fabrik von Eberspächer am heutigen Standort.

Die Unternehmenszentrale von Eberspächer in Esslingen am Neckar heute.

Lehrbrief von Jakob Eberspächer: Im April 1858 erhält er Brief und Siegel nach vierjähriger Flaschnerlehre vom Königlichem Oberamt und dem Zunftvorsteher.

gärtner gewesen. Um 1510 baute Peter Eberspächer Wein an. Der Nachname lässt auf die Herkunft aus dem nahen Ebersbach im heutigen Landkreis Göppingen schließen.

Als halbes Kind noch, aber schon strebsam, geht der junge Jakob als Flaschner in die Lehre. Vier Jahre lang erlernt er das damals aufkommende Handwerk. Ein Flaschner ist das, was außerhalb des schwäbischen Raums ein Klempner oder Spengler ist. Er arbeitet mit Blech in allen Sorten und Varianten. In den vielen neuen Fabriken der Region werden Flaschner überall gebraucht, die neuen Maschinen ziehen Reparaturen nach sich. Die Mechanisierung der Wirtschaft ist in vollem Gange.

Nach der Freisprechung der Lehrzeit geht er, wie es zu der Zeit üblich ist, hinaus in die Welt auf Wanderschaft. Der Geselle Eberspächer schafft an mehreren Orten in der Schweiz. Dort lernt er nicht nur das

Handwerk aus dem Effeff kennen, er bildet sich auch weiter, er häuft Wissen an und er ist vor allem fleißig in allem, was er tut. Später trägt ihm seine Bildung einmal hohes Ansehen unter seinen Mitbürgern und Kunden ein.

Start mit leeren Händen

Jakob Eberspächer ist 25 Jahre alt, als er 1865 in Esslingen mit fast leeren Händen seinen eigenen Flaschner-Betrieb eröffnet. Geld hat er keines. Aber er hat das Gottvertrauen und das Handwerkszeug. Fast gleichzeitig mit der Firmengründung heiratet Jakob Eberspächer. Am 9. Juli 1865 ist Vermählung mit Friederike Scharpf aus Bietigheim. Der einstige Waisenknabe hat wieder eine Familie. Mit einem Eintrag in die Handwerksrolle und einem ins Stadtbuch wird 1865 zum wichtigsten Jahr seines Lebens. Das junge Paar nimmt sich eine Wohnung in der winkligen Webergasse, ein heute noch wunderschönes von Fachwerk gesäumtes Sträßchen. Die Werkstatt richtet der Flaschnermeister im Keller ein. Dort arbeitet er zunächst allein. Einen Lehrling oder gar Gesellen kann sich Eberspächer da noch nicht leisten.

Der Flaschner indes formt frohgemut Gießkannen, Bettflaschen, Abflussrohre und Dachrinnen. Und Friederike ist ganz die patente Verkäuferin, sie hat vorn im Haus einen kleinen Laden und bietet alles feil, was der Gatte unten im Souterrain so fabriziert. Der Firmenstart ist somit gelungen, das kleine Geschäft mit einem Minimum an Kapitaleinsatz zum Laufen gebracht. Es ist vielleicht die beste Phase des „bürgerlichen Zeitalters".

Friederike – perfekte Gattin

Friederike spielt eine nicht eben kleine Rolle im Fortkommen Jakob Eberspächers. Sie besitzt eine glückliche Hand im Geschäftlichen und sie wird schnell fast genauso wichtig für die Firma wie der Meister selbst.

Die Familie Eberspächer im Jahr 1882 (von links): Auguste Maria, Adolf Martin, Georg Jakob, Johanna Friederike, Louise Friederike Auguste, Paul Richard, Anna Friederike und Lydia.

Der Mann stellt die Produkte her, die Frau macht das Kaufmännische. Oft sind es weibliche Hingabe, Kraft und Zähigkeit, die aus Männern mehr machen. Die beiden ergänzen sich bestens – weil sie so unterschiedlich sind: er gründlich, zögerlich, pessimistisch; sie dagegen tatkräftig, entschlossen, fix. Gegensätze ziehen sich an. Äußerlich ist das nicht anders: Jakob Eberspächer ist ein 1,95 Meter großer, ein hagerer Mann mit dunklen Haaren, einem länglichen, ovalen Gesicht und einem beachtlichen Schnurrbart. Sie dagegen ist klein, etwas gedrungen, und – für damalige Verhältnisse – zierlich. Auf einem Familienfoto aus den 1880er-Jahren sitzt Jakob an einem Tisch, Friederike steht neben ihm – und dennoch sind sie fast auf Augenhöhe. Und das auch im sprichwörtlichen Sinne.

Auszug aus einer Eberspächer Produkt-Darstellung zur kittlosen Verglasung um 1910.

I. Konstruktion der Oberlichter.

A. **Einfach lange Sprossen.**

Das kittlose Sprossensystem Eberspächer — Profil I

setzt sich zusammen aus:

1. Den dem T-Eisenprofil nachgebildeten **Tragsprossen** mit angebogener **Schwitzwasser-Rinne** (Fig. 1 u. 2.), auf deren Rand die **Glastafeln** gelagert sind. An die Tragsprossen sind die ebenfalls zum Auffangen und Ableiten von Schwitzwasser dienenden **Sprossenböden** unmittelbar angepresst.
2. **Den Deckschienen,** die das Glas abdichten und mit hinreichender Federung festhalten, um es bei Wärmeschwankungen arbeiten zu lassen und dadurch das gefährliche Springen zu verhindern.
3. **Den Querwulsten** an den Sprossenauflagerpunkten. Ihr Zweck ist, sowohl die Glastafeln der Breite nach zu unterstützen, als auch zu verhindern, dass unter den Glastafeln Wärme entweicht oder in den überdeckten Raum Schnee und Staub eingeweht wird.
4. **Den Glasstützen.**

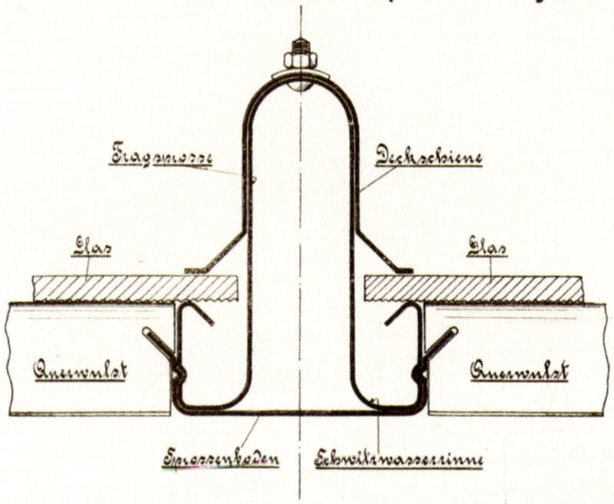

Figur Nr. 1. **Profil der Sprosse I.**

Stuttgart, 21. Mai 1906.

Die Firma J. Eberspächer, Metallwarenfabrik in Esslingen, hat während der letzten 18 Jahre rund 70000 qm Oberlichte (sowohl Shedfenster als Laternen) mit kittlosen Stahlblechsprossen und rund 40000 qm genietete Shedrinnen eigenen Systems in meinem Auftrage geliefert.

Ich bezeuge der Firma J. Eberspächer gerne, dass ich mit ihren Lieferungen jederzeit vollauf zufrieden war und dass sich die von dieser Firma bezogenen Shedrinnen und Oberlichter wegen ihrer soliden und zweckmässigen Ausführung, letztere hauptsächlich auch wegen ihrer Vorzüge vor den verkitteten Oberlichtern, bestens bewährt haben.

P. J. Manz, Architekt, Stuttgart.

Figur 2. **Sprosse I mit Deckschiene, Glas, Glasstütze und Schwitzwasserrinne.**

Figur 3. **Shedbau mit kittlosen Oberlichtern.**

Stuttgart, 11. Mai 1906.

Die Firma J. Eberspächer, Blechfensterfabrik in Esslingen hat im Jahre 1903/04 für die Lackierwerkstätte und Güterwagenhalle der Wagenwerkstätte Cannstatt die

Laternen-Oberlichter mit Stahlblechsprossen ohne Verkittung

nach ihrem System im Betrage von Mk. 14000 geliefert.

Es wird hiemit bezeugt, dass die Arbeiten unter Verwendung guten Materials sauber und pünktlich ausgeführt worden sind und dass die Oberlichter sich als recht zweckmässig erwiesen und bis jetzt gut gehalten haben.

Generaldirektion der K. Württ. Staatseisenbahnen, Stuttgart.

Kein Interesse an Politik

Es sind politisch bewegte Zeiten. Württemberg wird von Preußen vereinnahmt, Frankreich wird angegriffen. Jakob Eberspächer kann mit seiner ihm ureigenen Fortune vermeiden, als Soldat in den Krieg zu müssen. Wahrscheinlich ist es seine Schlaksigkeit, mit der er in keinen Schützengraben hineinpassen würde. Er ist der Musterungskommission schlicht zu groß.

Jakob Eberspächer interessieren Könige und Kriegsherren ohnehin nicht. Er kümmert sich lieber um sein junges Geschäft, und er schreibt fleißig Leitsätze in sein noch heute erhaltenes Notizbuch: „Für einen Handwerksmeister sind die wichtigsten Bedingungen: Kenntnisse, Fleiß, Sparsamkeit, Gottesfurcht."

Jakob Eberspächer beginnt sich früh auf gewerbliche Kunden einzustellen. Nach und nach kommen Fabriken aus Esslingen und der näheren Umgebung auf ihn zu. Vor allem seine Regenrinnen gehen gut. Die Rinnen, in denen das Wasser von den Dächern

International erfolgreich: Kittlose Verglasung des Mailänder Bahnhofs 1929.

ablaufen muss, sind zu jener Zeit natürlich reine Flaschnerarbeit. Damit begnügt er sich aber nicht. Er hat Ambitionen, er hat Lebensansprüche, er hat Ziele. Nun richtet Jakob Eberspächer seine noch kleine Firma klar aus, mit einer größeren Idee: Dachverglasungen heißt sein neues Spezialgebiet. Und der Unternehmer trifft damit voll den architektonischen Zeitgeist. Denn vor allem Fabrikneubauten werden zunehmend als sogenannte Sheds ausgeführt, eine Bauweise, die die Württemberger von der englischen Industrie übernehmen und die von Unternehmen als besonders lichtgünstige Konstruktion bevorzugt wird.

Für einen Flaschner gibt es beim Shedbau viel zu tun. Jakob Eberspächer wendet sich der kittlosen Verglasung zu und hat nach kurzer Zeit Erfolg damit. Namentlich die württembergischen Textilbetriebe, die Spinnereien und Webereien, sehen darin Vorteile. Sie brauchen dichte Dächer aus Glas, und Eberspächer garantiert sie ihnen. In einem Shedbau, in dem das Oberlicht schräg steht, macht Jakob Eberspächer das Glas nicht mehr mit Kitt auf Holzrahmen fest, sondern klemmt es mit Schrauben aufs Blech. Dieses Bauprinzip hat im Grunde bis heute Bestand. Somit gilt Eberspächer als Pionier der kittlosen Verglasung. Einen Partner dafür findet er in dem nicht unbekannten Viktor Manz aus Stuttgart, einem führenden Industriearchitekten. So nebenbei macht sich Jakob Eberspächer damit auch um die württembergische Industriearchitektur verdient – und beweist einmal mehr Pioniergeist.

Moderne Zeiten

Jakob Eberspächer ist immer mit dem nötigen Ernst bei der Sache. Müßiggang ist ihm fremd, faulenzen ein Graus. Die Moderne betrachtet er argwöhnisch, sie hat für ihn ihre Tücken, sie ist nur Schnickschnack, nichts Rechtes. Zu den neuen menschlichen Irrungen zählt für den Konservativen zum Beispiel das „Veloziped".

Als Sohn Adolf, damals beim Militärdienst in Ulm, einmal um Geld für ein solches Fahrrad bittet, ist der treusorgende Vater fassungslos: „Welchen Wert soll das für Dich als Handwerker haben und später im Civilstand, fahren nicht schon genug Bummler auf allen Wegen und Stegen (...) In Esslingen radelt überhaupt kein rechter Handwerker zu seiner Kundschaft." So viel zu Eberspächers pietistischer Berufsethik. Die Mutter – wie kann es anders sein, so sind Mütter – schickt dem Jungen später heimlich das nötige Geld fürs „Veloziped".

Jakob Eberspächer gründet eine wahrlich große Familie. Zehn Kinder bringt seine kleine Frau zur Welt, acht Mädchen und zwei Jungen. Die beiden Söhne Paul und Adolf – geboren 1876 und 1877 – werden einmal Jakob Eberspächers Geschäftsnachfolger. Er fördert sie ein Leben lang, um sie dorthin zu bringen. Lydia, Anna, Maria und

Briefkopf des Unternehmens um 1900.

Produkt-Prospektheft um 1910.

Luise heiraten später in angesehene Esslinger Industriellenfamilien ein. Vier der Kinder sterben allerdings früh.

Auch im Betrieb geht es im Grunde zu wie in einer Familie. Die Meisterin verköstigt mütterlich die Lehrlinge, der gestreng-gottesfürchtige Lehrherr kümmert sich um die sittliche Erziehung der jungen Leute. Die Firma – sie ist für Jakob Eberspächer ganzheitliches Lebenswerk.

1869 schon ziehen Firma und Familie innerhalb der Webergasse um. Ein eigenes Haus wird für 10 000 Gulden gekauft. Jakob Eberspächer werkelt weiter fleißig, Friederike erledigt trotz Haushalt und Kindern auch noch die Buchführung. In der Firmenchronik „100 Jahre Eberspächer" wird gemutmaßt, sie habe deswegen persönlich ihre Hand auf der Buchführung gehabt, weil sie nicht wollte, dass die finanziellen Erfolge der Firma allzu publik werden. Eine rechte Schwäbin ist immer ihre eigene Finanzministerin.

Jakob Eberspächer holt sich nun Hilfe von außen. Im Jahr 1890 beschäftigt die Firma zehn Gesellen und mehrere Lehrlinge. Das Unternehmen wächst gesund, aber nicht zu schnell. Rasantes Wachstum ist nicht das Ziel des Firmeninhabers, es ist in seinen Augen nicht maßgebend für den Erfolg. Lieber ist ihm das Wohletablierte, das Besonnene, das Bescheidene. Die 1890er-Jahre werden trotzdem auch wirtschaftlich erfolgreich. Nur die Jahre 1891 und 1892 sind von einem Konjunktureinbruch gekennzeichnet, danach erfährt Deutschland wieder ein steiles Wachstum. Die Belegschaft von Eberspächer umfasst im Jahr1897 bereits 80 Leute. Wieder werden die Räumlichkeiten zu eng, wieder muss sich Eberspächer vergrößern. Kurz vor seinem Tod im Jahr 1899 kauft der Unternehmer noch ein nahegelegenes Fabrikgebäude mit 10 000 Quadratmeter Grundfläche.

Es ist der 15. Oktober 1899, als Jakob Eberspächer im Alter von 59 Jahren stirbt. Sein Tod ist ein Schock für die Familie. Neun Tage nach seinem Ableben erreicht die Kunden folgendes Schreiben: „Wir erlauben uns, Sie von dem am 15 d. M. erfolgten Hinscheiden unseres lieben Gatten und Vaters J. Eberspächer, Flaschnermeister, geziemend in Kenntnis zu setzen. Das Geschäft wird von mir und meinem Sohn Adolf, der seit Jahren in der väterlichen Werkstätte tätig ist, unter Beihilfe langjährig erprobter, tüchtiger Arbeiter, in derselben soliden Weise und der gleichen Firma (...) weitergeführt. (...) Mit größter Hochachtung Friederike Eberspächer We. Adolf Eberspächer."

Adolf und Paul Eberspächer im Jahr 1905.

Die nächsten Generationen

Nach dem Tod leiten also Adolf Eberspächer und die couragierte Witwe die Geschicke der Firma. Während Adolf einen Hang zum Praktischen hat, schlägt sein Bruder Paul eher die intellektuelle Richtung ein und studiert. Nach dem Studium geht Paul für Siemens nach Berlin. Später, 1906, ereilt ihn aber der Ruf des Bruders; von da an führen sie das Geschäft gemeinsam. Die beiden Erben Jakob Eberspächers werden zwei Weltkriege überstehen und das Unternehmen zu stattlicher Größe im Autozulieferbau führen. Der Gründer würde sich mächtig wundern, wenn er sehen würde, was aus seinem Unternehmen geworden ist. Denn zum Ende seines Lebens steckte der Automobilbau noch in den Kinderschuhen.

Eberspächer zählt heute weltweit zu den führenden Systementwicklern und -lieferanten für Abgastechnik, Fahrzeugheizungen und Busklimasysteme. Den Anstoß dazu hatte übrigens einst Daimler-Benz gegeben: Als der aufstrebende, schwäbische Autohersteller 1932 fragte, ob Eberspächer – bis dato ein Glasdachfabrikant – sich für den Bau von Abgas-Schalldämpfern interessieren würde, gingen die Esslinger nur allzu gern darauf ein, denn es war Weltwirtschaftskrise und die Bauwirtschaft lag brach. Der Mut zum Wandel hat sich gelohnt.

Der Autozulieferer hat heute Kunden in aller Welt und macht mehr als 2,5 Milliarden Euro Umsatz mit rund 6300 Beschäftigten. Mittlerweile mischt Eberspächer auch in Zukunftssparten wie der Elektronik im Auto auf globaler Ebene mit. Jakobs Enkel Helmut Eberspächer, der im Sommer 2011 verstorben ist, beschrieb das so: „Das Haus Eberspächer auch heute noch als ein schwäbisches Unternehmen zu bezeichnen, wäre (...) etwas kühn angesichts der rasanten Internationalisierung und Globalisierung, die (...) wir absichtlich und intensiv betreiben, weil wir sie betreiben müssen."

Trotz der weltweiten Expansion ist das Unternehmen aber noch immer „echt Eberspächer". Die Firma ist weiter im Familienbesitz, auch wenn Geschäftsführung und Gesellschafter heute mit Nachnamen Baumann oder Peters heißen. Sie entstammen der Familie.

Es ist bereits die fünfte Generation, seit der Flaschnermeister Jakob Eberspächer seinen kleinen Betrieb gründete. Und das ist vielleicht das größte Geheimnis des Erfolgs der Eberspächers: der Familienzusammenhalt.

Die 1927/28 erbauten Wanderer-Werke in Chemnitz waren bemerkenswerte Beispiele des Glasdachbaus.

Produktion von Fahrzeugheizungen in Esslingen.

Produktion von Pkw-Abgasanlagen in Neunkirchen im Saarland.

1800–1849

1810 Die erste Maschinenfabrik Württembergs, eine Spinnerei, entsteht in Cannstatt

1812 Erste „Industrieausstellung“ in Stuttgart

1818 Die „Württembergische Spar-Casse“ gründet sich als Reaktion auf die vorangegangene Hungersnot

1825 In der umgebauten Öl- und Tabakmühle der Gebrüder von Rauch in Heilbronn läuft die erste Papiermaschine an

1828 Bayern und Württemberg schließen sich nach jahrelangen Verhandlungen zum Süddeutschen Zollverein zusammen

1834 Der Deutsche Zollverein wird als Zusammenschluss der Zollvereine der einzelnen Königreiche gegründet

1845 Eisenbahn von Cannstatt nach Esslingen

1848 Die „Königliche Centralstelle für Handel und Gewerbe“ unter Ferdinand von Steinbeis wird in Stuttgart gegründet

1847–1854 Wirtschaftskrise und politische Turbulenzen

1850–1914

1851 Weltausstellung in London

1855 Die Handels- und Gewerbekammern in Württemberg entstehen

1857 Ausbruch einer Weltwirtschaftskrise

1862 Vollständige Gewerbefreiheit für Württemberg

1886 Robert Bosch eröffnet eine feinmechanische Werkstatt

1871 Einheitliches Währungs- und Zollgebiet durch die Gründung des Deutschen Reiches

1873 Börsenkrach und Gründerkrise, es folgen viele Konkurse

1873 Wiener Weltausstellung

1885 Carl Benz baut das erste Benzinauto, ein dreirädriges Gefährt

1886 Erste „Motor-Kutsche“ von Gottlieb Daimler

1877 Das erste Reichs-Patentgesetz wird erlassen, das heute als industrieller „take off“ gesehen wird

1890 In Cannstatt wird die Daimler-Motoren-Gesellschaft gegründet

1893 Weltausstellung in Chicago

1895 Der erste Benz-Omnibus fährt

1900 Das erste Zeppelin-Luftschiff erhebt sich am Bodensee bei Manzell aus in den Himmel

1914–1918 Erster Weltkrieg und Einbruch der deutschen Wirtschaft

1915–1945

1918 Revolution in Deutschland gegen die Monarchie. Auch der König von Württemberg verzichtet auf den Thron. Ausrufung der „Weimarer Republik“

1923 Galoppierende Inflation und Währungsschnitt; Höhepunkt der Auswanderung aus Württemberg

1924–1925 Stabilitätskrise

1926–1929 Künstlicher Wirtschaftsaufschwung („Scheinblüte“)

1929 Börsenkrach und Beginn der Weltwirtschaftskrise

1932 Sechs Millionen Arbeitslose in Deutschland

1933 Machtergreifung der NSDAP und Gleichschaltung. Die Landesregierung in Württemberg wird beseitigt. Umstellung auf Planwirtschaft

1939 Ausbruch des Zweiten Weltkriegs und Zwangsumstellung der Industrie zur Rüstungsproduktion

1944 Bombardierung Stuttgarts und anderer südwestdeutscher Städte

1945 Bedingungslose Kapitulation Deutschlands.

1945–1950

1945 Französische und amerikanische Besatzung im Südwesten. Die Gebiete der französischen und amerikanischen Besatzungszone werden festgelegt und entlang der Autobahn von Karlsruhe über Stuttgart und Ulm nach München abgegrenzt (nördlich der Autobahn amerikanisch, südlich französisch).

1946 Alliierter Kontrollrat beschließt Produktionsbeschränkungen für deutsche Wirtschaft

1946 Die nach ständischem Prinzip ernannte Vorläufige Volksvertretung für Württemberg-Baden tritt in Stuttgart erstmals zusammen. Gleichzeitig findet die Wahl zum ersten Landtag von Württemberg-Baden statt. Reinhold Maier bleibt Ministerpräsident.

1948 Entscheidung über Einführung der Marktwirtschaft in Deutschland und Währungsreform in den drei Westzonen mit Einführung der D-Mark. Beginn des „Wirtschaftswunders“.

1949 Verkündung des Grundgesetzes für die Bundesrepublik Deutschland

1950 Erstmals weniger als 500 000 Arbeitslose in der Bundesrepublik

1951–1999

1952 Gründung des Landes Baden-Württemberg durch Fusion der Länder Württemberg-Baden, Baden und Württemberg-Hohenzollern

1953 Die Landesverfassung von Baden-Württemberg wird verkündet

1961 Bau der Berliner Mauer

1966 Nur noch 300 000 Arbeitslose in Deutschland (Arbeitslosenquote im Jahresdurchschnitt: 0,7 Prozent)

1967 Beginn der 40-Stunden-Woche in der Metallindustrie

1973 Erste Ölkrise

1976 1,35 Millionen Arbeitslose, die höchste Zahl seit 1954

1979–1980 Zweite Ölkrise

1989 Fall der Berliner Mauer und Öffnung der Grenzübergänge zwischen der Bundesrepublik und der DDR

1990 Wiedervereinigung Deutschlands

1999 Die Landesbank Baden-Württemberg (LBBW) entsteht aus der Fusion von Südwestdeutscher Landesbank, Landeskreditbank und Landesgirokasse

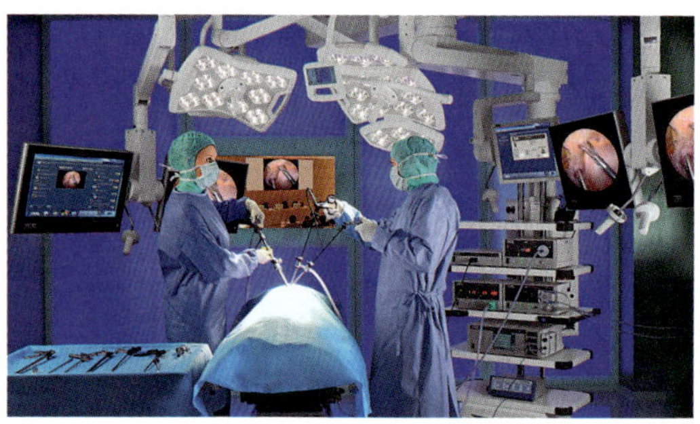

2000–heute

2001 Börsencrash nach Platzen der New-Economy-Blase

2008 Pleite der Investmentbank Lehman Brothers löst Finanzmarktkrise mit anschließender Weltwirtschaftskrise aus. Eine Staatsschuldenkrise in Europa folgt.

2011 Winfried Kretschmann, der bisherige Fraktionsvorsitzende der Grünen, wird zum Ministerpräsidenten einer Koalitionsregierung von Grünen und SPD gewählt. Zum ersten Mal seit Gründung von Baden-Württemberg ist damit die CDU nicht mehr an der Regierung beteiligt und sie stellt nicht den Ministerpräsidenten.

Alfred Kärcher GmbH & Co. KG: Creating values with Ideas. 75 years of Kärcher in Pictures, Köln 2010.

Alfred Ritter GmbH & Co. KG: 75 Jahre Ritter. Festschrift zum 75. Firmenjubiläum der Firma Alfred Ritter GmbH & Co. KG Schokoladenfabrik, Heidelberg 1987.

Boelcke, Willi A.: Wirtschaftsgeschichte Baden-Württembergs. Von den Römern bis heute, Stuttgart 1987.

Brunecker, Frank: Liebherr – Kräne und mehr. Hrsg. vom Museum Biberach und Frank Brunecker, Biberach, 2005.

Deckstein, Dagmar: Runde Ritter? Niemals! In: Süddeutsche Zeitung, 8./9. Oktober 2011.

Dieterich, Rolf: Max Weishaupt: ein Mann des Feuers. In: Schwäbische Zeitung, 6.5.2002.

Dostert, Elisabeth: Werkzeug für die Welt. In: Süddeutsche Zeitung, 8./9. Oktober 2011.

Eberspächer, Helmut: Geschichte und Gegenwart der Firma J. Eberspächer. Vortrag vor dem Geschichts- und Altertumsverein Esslingen, 24.10.2000.

Haerling, Hermann (Hrsg.): Schwäbische Lebensbilder V, Stuttgart, 1950.

Kistler, Roland: Chronik der Firma Liebherr Werk Biberach GmbH, Bad Schussenried, 2009.

Langenscheidt, Florian, May, Peter (Hrsg.): Aus bester Familie. Köln, 2011.

Max Weishaupt GmbH: Weishaupt – 50 Jahre, Portrait eines Unternehmens, Schwendi 1982.

Plumpe, Werner: Wirtschaftskrisen. Geschichte und Gegenwart, München, 2010.

Saalbach, Peter: Weishaupt – 1932, 1952, 2002, Schwendi 2002.

Stern, Regina: Das Unternehmen Karl Storz 1945 – 2005. Tradition hat Zukunft. In.: Industrie und Chirurgie, 14/2005.

Voith, Hanns: Im Gang der Zeiten, Tübingen, 1960.

Vollmer, Udo: Der Unternehmer Heinrich Vollmer als Waffenkonstrukteur, 1968.

Vollmer, Udo: Im Gedenken an Heinrich Vollmer: Leben und Werk eines großen schwäbischen Technikers und Unternehmers, 2002.